Keyword Series of Psychology

キーワード心理学シリーズ 6　重野 純・高橋 晃・安藤清志 監修

臨床

春原由紀 著

新曜社

キーワード心理学シリーズ　全12巻

＊印既刊

＊1	視覚	(石口彰)
＊2	聴覚・ことば	(重野純)
＊3	記憶・思考・脳	(横山詔一・渡邊正孝)
＊4	学習・教育	(山本豊)
＊5	発達	(高橋晃)
＊6	臨床	(春原由紀)
7	感情・ストレス・動機づけ	(浜村良久)
8	障害	(大六一志)
＊9	非行・犯罪・裁判	(黒沢香・村松励)
10	自己・対人行動・集団	(安藤清志)
11	パーソナリティ・知能	(杉山憲司)
＊12	産業・組織	(角山剛)

【監修者】

重野　純（しげの　すみ）
青山学院大学文学部教授。専門は認知心理学，心理言語学。
1,2,3,4巻を担当。

高橋　晃（たかはし　あきら）
武蔵野大学名誉教授。専門は発達心理学，文化心理学。
5,6,7,8巻を担当。

安藤清志（あんどう　きよし）
東洋大学社会学部教授。専門は社会心理学。
9,10,11,12巻を担当。

「キーワード心理学」シリーズ刊行にあたって

人類の長い歴史のなかで、今日ほど心理学が必要とされている時代はないでしょう。現代に生きる多くの人々が、社会のなかのさまざまな問題を解決するためには、心のはたらきに目を向けるべきだと考えているからです。心理学はこれまで多岐の分野にわたって発展してきましたが、その過程で分野ごとに専門化が進み、内容的に奥深い知識が要求されるようになりました。生理学、物理学、言語学などの知識が必要な分野もあります。心理学で扱う中心的なテーマも変遷してきました。19世紀には構成心理学からゲシュタルト心理学へ、20世紀には行動主義から認知科学へと心理学者の主な関心は移ってきました。そして現在、心（精神、魂）のはたらきを解明するのに最も深くかかわっていると考えられる脳のはたらきに関心が集まっています。脳研究の目ざましい発展により、人の脳をまったく傷つけることなく、脳のどの場所がどのような心のはたらき——考えたり感じたりすること——に関与しているのかを調べることができるようになりました。しかしこの場合も、心のはたらきを適切にコントロールできるかどうかが研究成果を大きく左右しています。今日、心理学に求められているものは非常に大きいといえるでしょう。

心の問題を考えるとき、情報をどのように受け入れどのように処理するのかを知ること、すなわち人の認知行動を適切に知ることはきわめて重要なことです。「キーワード心理学」シリーズ（全12巻）

では、現代科学のなかにおける心理学の役割を念頭におきつつ、日常生活でよく体験する出来事や現象、対人関係などについて、認知的視点に立って取り上げています。本シリーズでは、心理学の研究者や大学生はもとより一般の方々が容易に理解できるように、本の構成や記述方法を工夫してあります。どの巻も最も重要と考えられる30項目を精選して、項目ごとに独立した読み物として楽しんでいただくことができるようにしてあります。また、一人の著者（一部の巻では2名）が一つの巻をすべて書くことによって、項目ごとの関連や読みやすさの統一が図られています。さらに、もっと深く心理学を学びたい人々のために、巻末には本文であげた実験や調査の文献を一覧にして載せてあります。内容的には最新かつ専門性の高いテーマにも踏み込んでいますから、より深く心理学にかかわりたいという読者の希望にも、十分添えるものと信じております。知識の集積、学問としての心理学の面白さの実感、研究テーマのさらなる発展など、それぞれの目的に応じて、本シリーズを役立てていただければ幸いです。

監修者一同

まえがき

　何を勉強して、何になろうか、そんな進路の悩みはだれもが経験することでしょう。何の悩みもなく「お花屋さん」「サッカー選手」などと言っていたころとは違って、自分についてかなり客観的に見られるようになっていても、具体的にどのような方向に進み、学んだことを社会でどのように生かすことができるかということはわかりにくいものです。

　私もそうでした。高校生の頃、進学はしたいけれど、どんな方向に自分は関心があるのだろうと思い悩んだものです。そんな時、友達に「おもしろいよ」と進められて読んだのが、心理学や精神分析の本でした。この本の企画を伺ったとき、その時の自分の気持ちを思い出して、臨床心理学を学ぼうかどうしようかと迷っている方の役に立てたらいいなあと思ったものでした。

　この本は、監修者の方々が、臨床心理についてキーワードになるだろうという項目をあらかじめ立ててくださり、それを受けて筆者が説明するという形を取っています。そして大きく3つに分けられる構成です。最初は心理臨床の基礎的な考え方（理論）、次に様々な心理臨床の方法（技法）、最後に心理臨床の対象（実践）になります。心理臨床は、理論と技法と実践がかみ合って進んでいく科学といえるでしょう。

　臨床心理学の概念のなかには、難しいものがあり、実際に臨床現場で経験を積む中で「あっ、そういうことか」と理解できたりします。ですから、この本では臨床心理の世界についてイメージしていただくことができればと、なるべく、心理士たちがどのような役割をもって実践の場に向き合っているのかに焦点を当てました。

臨床心理の世界はライブの世界です。クライエントの方々とカウンセラーとが、真剣に向き合う中で、発せられた一言が、相手との関係の中に生きたり、逆に関係が危機に陥ったりという、人と人との関係を基盤とする生きた世界です。その中で、カウンセラーやセラピストは関係責任をきちんと果たしていかなくてはなりません。そこに心理臨床の難しさと、醍醐味があるともいえるでしょう。

また、臨床心理学の中には、たくさんの立場、理論があり、心理士はそれぞれ依って立つ理論を大事にしているといっていいでしょう。筆者の依って立つ立場は、「関係論」という、お茶の水女子大学で筆者が学んだ松村康平先生の創始した理論・技法・実践体系です。今や「関係」とか「関係性」といっても何の問題もなく受け入れられますが、筆者が学んだ四十年以上前は、学会でも「関係？What?」といった状況でした。しかし、現在ではさまざまな現象を関係的にとらえていくことは当たり前になってきているといってよいでしょう。そこに成立する関係において問題とされる事柄を理解していくことが大切だと思います。

社会の急激な変化の中にあって、生きづらさを感じる方々にだけでなく、よりよい人間関係を築きたいと願っている方々に向けて、臨床心理の知見の果たす役割は大きいものと思います。

専門家になるという方向性だけでなく、だれもが臨床心理に関心を寄せ、ご自分の生活を充実させていくことができたらと思います。

本書の校正をしているときに、国会で、公認心理師法案が可決されたというニュースが飛び込んできました。臨床心理の専門家を国家資格にという動きは、半世紀以上にわたって私たちの願いでした。紆余曲折がありながらも、一応の方向性が実現したことを素直に喜びたいと思います。そして、今後、まだまだ課題は山積していますが、臨床心理の資格を持つ者たちが謙虚に学び続け、社会の中で人々に役立つ活動を繰り広げていくことを心から願っています。

２０１６年１月

春原由紀

目 次

装幀――大塚千佳子
カバーイラスト――いとう　瞳

パート・1

実践の学としての臨床心理学

1　対人援助の学としての臨床心理学

ますます広がる活動領域

臨床心理学は、心理学の理論と方法を実践に生かし、人間の生活の発展を阻んでいるさまざまな問題を解決することを通して、人間の生活をさらに豊かな発展的なものにしていく科学といえます。しかし、臨床心理学はとても不思議な学問であるといえましょう。臨床心理学が実践される領域を見てみますと、実に多様多彩です。まず、医療領域があげられます。次に教育領域があります。また、福祉の領域とつながっていることもありますし、司法（矯正）領域にも、看護領域、産業領域など、臨床心理学が生かされる領域は着実に広がり、社会的要請は強まっています。人間の生活する領域のどこにも臨床心理学の課題が成立し、生活に入り込み、生かされていくという幅広い特色を臨床心理学はもっているといえるでしょう。

臨床心理学が生かされている領域

どんな領域で臨床心理学が生かされているか具体的に見ていきましょう。

医療領域には、精神科や神経科・心療内科の病院やクリニックで働く心理職の方々がいます。彼らは、臨床心理学を学び、それを生かして、医師と協力しあいながら、患者さんのアセスメントや心理療法・カウンセリング等を実践しています。また、医療ケースワーカーとの協働を通して患者さんたちの生活を見守り、改善を図る姿も見られます。それだけでなく、小児科で母親や家族の心理的援助をしたり、その他の診療科でも、患者や家族の支援に臨床心理学が生かされています。また、身体疾患に伴うさまざまな心理的な問題を精神科の医師や看護師、臨床心理士などがチームを組み、援助を進める動きも医療の中に見られます。これを**リエゾン精神医学**［1］といいます。

教育領域ではどうでしょう。現在、全国ほとんどの中学校に**スクールカウンセラー**［2］が配置されていますし、小学校、高等学校の中にも、スクールカウンセラー（名称はいろいろですが）を置くところが増えています。また、教育委員会の中には、教育相談所や適応指導教室が設置され、相談員たちが、教育の場で浮かび上がってきたさまざまな問題、たとえば不登校や集団不適応の問題などの解決にかかわっています。スクールカウンセラーや教育相談員のほとんどは臨床心理学を専門とする方々です。また、特別支援教育の拡充とともに、**臨床発達心理学**［3］が注目され、発達障害の子どもたちの支援に臨床心理学の理論と技法が生かされています。

福祉の現場を見ると、**児童相談所**には心理判定員や心理職という職種があり、子どもたちに対して臨床心理学的アセスメントをしたり、プレイセラピー等の治療的かかわりもしています。また、家族のための臨床心理的支援も行われています。また児童養護施設［4］や児童自立支援施設［5］その他の福祉施設の中でも心理職が判定および相談や支援業務で働いています。そして福祉領域の担い手であるケースワークの手法の中には、臨床心理学の知見が生かされています。

司法（矯正）領域でも、臨床心理学の方法は、鑑定業務や矯正教育の中に生かされていますし、看護領域でも患者理解、援助の方法として臨床心理学的手法が発展しています。産業

1　リエゾンとは、フランス語の「連音」から発生し、「連絡」「連携」「結びつき」等の意味で使用されます。さまざまな医療現場で、身体疾患に伴う心理的問題を精神科の医師や、看護師、臨床心理士等がチームを組み、臨床各科と連携しながら包括的な治療を進めていく新しい方向です。

2　「11　スクールカウンセリングと教育相談」の項参照。

3　臨床発達心理学は、人間の生涯にわたる発達を視野に、発達心理学を基盤にした、発達の障害等の困難の支援に関する実践的科学をいいます。

4　児童福祉法41条には、「児童養護施設は、保護者のない児童、虐待されている児童その他、環境上養護を要する児童を入所させて、これを養護し、あわせて退所した者に対する相談その他の自立のための援助を行うことを目的とする施設」と定義されています。児童相談所長の判断に基づき、都道府県知事が入所措置を決定する児童福祉施設です。

分野では、労務管理や職場のメンタルヘルスの実践として、臨床心理学の方法が導入され、働く方々が安心して相談できる体制が徐々にできつつあります。

一方、地域のメンタルヘルスの領域でも臨床心理学を生かした活動が広がっています。災害被害にあった方々、犯罪被害にあった方々、ＤＶやハラスメントを受けた方々といった被害者への支援もありますし、子育て支援や、家族支援なども行政の枠を超えて発展しつつあります。

このように広がりをもった実践領域で働く臨床心理学の専門家には、それぞれの場でさまざまな職種の方々との協働が要請されているというのも臨床心理学の専門性に見られる特色です。

対人援助の学

こうした広がりの中で実践なさっている心理職の方々は、ともすると臨床心理学の専門家としてのアイデンティティを見失うこともあるようです。つまりその領域の本流ではない中で、どこに臨床心理学の独自性を成立させるかを考える必要が生まれてくるのです。私はそこに、**対人援助の学**であるという面を重視したいと思います。

対人援助の学とはどのようなものでしょう。臨床心理学は、基本となる理論や技法がありながらも、それぞれの領域の独自な風土に根付き、その風土に必要な援助の理論と技法を開発しつつ発展していく学問といえるのではないでしょうか。それぞれの領域で、援助の対象とする人々の理解の学、そして、その人々への援助の方法に関する学、また、被援助者と援助者との関係性に関する学など、社会の変容に即して新たな課題を見出しつつ臨床心理学は

5　児童福祉法44条には、「児童自立支援施設は、不良行為をなし、又はなすおそれのある児童及び家庭環境その他の環境上の理由により生活指導等を要する児童を入所させ、又は保護者の下から通わせて、個々の児童の状況に応じて必要な指導を行い、その自立を支援し、あわせて退所した者について相談その他の援助を行うことを目的とする施設とする」とされています。

発展しているのです。

領域の特殊性を把握し生かす努力と、領域を超えて統合的な臨床心理学の基盤をとらえる努力。つまり分化と統合を繰り返しながら発展していく学問が臨床心理学なのではないかと思います。

臨床心理学は、個人の内面を課題に発展してきた歴史があります。個人の内面は、その人の独自な世界で尊重されるべきものですが、内面は、固定的・不変的なものではなく、環境、他者との関係性において変わりうるものだといえます。現代の臨床心理学は、個人の内面だけを問題にするのではなく、その人を取り巻く環境や社会状況、対人関係を視野に入れた臨床心理学へと変容しつつあるといえるでしょう。

●参考書
ジョン・マツィリア&ジョン・ホール編／下山晴彦編訳（２００３）『専門職としての臨床心理士』東京大学出版会
村瀬嘉代子・森岡正芳編（２０１３）「実践領域に学ぶ臨床心理ケーススタディ」『臨床心理学増刊第5号』
下山晴彦・熊野宏昭・中嶋義文・松澤広和編（２０１５）「医療・保健領域で働く心理職のスタンダード」『臨床心理学』85第15巻1号
日本臨床心理士資格認定協会（２００８）『臨床心理士の歩みと展望』誠信書房

2 臨床心理学と精神医学

その相補的な関係

私たちが臨床心理学を学んでいくとき、隣接領域である**精神医学**の基礎的知識を得ることは重要なことです。ここでは、最初に近代精神医学の成立について学んでいき、次いで、臨床心理学と精神医学の関係について考えていきましょう。

近代精神医学の流れ

20世紀は自然科学の時代といわれます。科学的なものの見方の基本である、客観的に対象を観察し、その法則性を見出していくという手法が精神疾患の研究にも適用され、近代精神医学が発展していきました。その流れは、大きく**精神病理学**、精神分析を起点とした**心理療法**（精神療法）[1]、さらには、**生物学的精神医学**の3つに分けてとらえることができます。

近代精神医学は、19世紀末、E・クレペリンが二大精神疾患として早発性痴呆と躁鬱病を分離して記載したことから始まったといわれます[2]。これらの精神医学者たちの業績は、患者に接して得た厳密な現象学的症状記載をもとに精神の現象として病いをとらえ、分類し、考察していったことにあります。このように患者の示す症状から精神疾患がどのような病理なのかを研究する領域を精神病理学といい、精神疾患の診断学として発展していきました。

しかし、精神疾患の治療という意味では、１９５０年代から飛躍的に発展した薬物療法が大きな転機になったといえるでしょう。向精神薬、抗うつ剤、抗てんかん薬などの開発が進

1　心理療法と精神療法は、どちらも psychotherapy の訳語であり、同義です。ただ、現実的には、心理学者は「心理療法」と呼ぶことが多く、精神科医は「精神療法」と呼ぶ傾向があるとされます。

2　その後、E・ブロイラーが早発性痴呆を Schizophrenie（日本では、長く精神分裂病と訳され使用されていましたが、現在は、統合失調症と呼ばれます）と改名し、以降、ヤスパース、クレッチマー、シュナイダーなどの精神医学者がこの疾患の研究を行いました。

3　「13　神経症」の項参照。

み、精神疾患を患う人々の症状にそれまでには考えられないほどの改善が見られたのです。症状の改善は、現実的な人と人との関係を基盤とする心理療法によるアプローチの可能性を広げることにつながりました。また、それまで長期入院を余儀なくされていた人々が退院し、社会へ参加していく方向へと精神医療の方向が変化していくことにもつながりました。

その後、薬物療法の基盤となる精神薬理学だけでなく、生物的な脳の機能と病理をさまざまな測定機器を用いて明らかにしようとする生物学的、あるいは生理学的精神医学研究が進んできました。これらは、精神疾患を「脳」の生理現象としてとらえようとする精神医学の方向といえるでしょう。こうした生物学的な精神医学が現在は大きな流れとなっています。

ここでもうひとつの流れである、心理療法（精神療法）の発展について述べていきましょう。心理療法は、精神疾患を脳の機能の変調ととらえ、薬物や手術などの物的な働きかけによって治療を考えるという方向に対し、人と人との関係性において症状の改善を図っていくという方向性です。精神疾患の治療においては車の両輪のように双方が必要とされます。

心理療法（精神療法）の流れ

心理療法の発展を述べるには、まず、S・フロイト（1856-1939）の業績をあげないわけにはいきません。フロイトは、ウィーン大学で神経学研究を志していましたが１８８６年にウィーンで開業し、独自のヒステリー[3]理論を展開して、１８９５年に『ヒステリー研究』[4]（共著）を出版しました。そのプロセスで、自由連想法[5]という治療技法を確立し、精神分析を創始したのです。彼の業績は、無意識の発見[6]に代表されますが、さまざまな面でその後の心理療法の発展に大きな影響を与えたといえます。また、心理療法の領域だけでな

4　Breuer von J. & Freud. S.（1895）*Studien über Hysterie. Leipzig.* F. Deuticke. 邦訳は、ブロイアー＆フロイト／金関猛訳（２０１３）『ヒステリー研究』中公クラシックス などがある。

5　自由連想法は、フロイトがヒステリーのクライエントの治療を行う際に、治療方法として創始した方法です。クライエントは、カウチ（寝椅子）に横になり、セラピストは、クライエントの視界に入らない背後に座ります。クライエントは、どのようなことでも頭に浮かぶことをすべて話すことを求められ、セラピストはその話を中立性を守りながら傾聴し、適切なときに、分析し、連想の下にある無意識を解釈していきます。

6　無意識とは、人間の心の中の意識されない意識の領域であり、それが、人間の行動に影響を与えているという説で、精神分析の創始者であるフロイトによって提示されました。無意識の概念は、その後の心理療法の発展に大きな影響を与えたばかりでなく、文化にも影響を与えました。

く、広く20世紀文化にも多大な影響を及ぼしたといえるのです。

一方、フロイトが『ヒステリー研究』を出版したころ、アメリカでは、L・ウィットマーがはじめて「臨床心理学」という用語を提起し、心理学クリニックを開設していました（1896年）。19世紀末のヨーロッパとアメリカの双方で、心理療法の新しい動きが起きてきたことに時代の波が感じられます。そして臨床心理学と精神分析学とは、1909年、フロイトやユング[7]（精神分析家）等が招かれ渡米し、講演したことで初めて交差することになりました。その後、第一次世界大戦前後に多くの精神分析家がヨーロッパからアメリカに渡り、アメリカの開放的な風土の中で、精神分析的な心理療法が発展していきました。しかし、そのころの精神分析は、長期にわたり週に何度も分析家のもとへ通わなくてはならず、しかも高額な治療費を要するという問題がありました。そこでストレスの多い現代社会において、多くの人々が心理療法を必要とするという時代の要請に伴って、精神分析だけではない、さまざまな理論と技法が開発され、実践されていきました[8]。

精神医学と臨床心理学の関係

精神医学と臨床心理学の関係について抽象的に述べていくのではなく、ここでは、精神科医と臨床心理の専門家の活動内容から、その関係について考えていきましょう。精神科医は、その養成過程においてまず医学全般を学び、人間の体の諸機能に関する生物学的、解剖学的、生理学的知識の基礎を身につけます。その上で精神医学的診断、薬物による治療行為や身体的治療行為を学び、精神医学の医療行為を行っていきます。こうした医療行為を行うことができるのは、法律的に医師に限られています。

7　C・G・ユング（1875－1961）はスイスの精神医学者。分析心理学の創始者。深層心理学の研究を進め、1948年にチューリッヒにユング研究所を設立し、分析心理学（ユング心理学）を確立しました。「集合無意識」や「アニマ・アニムス」、相補性を重視した「性格論」など独自の概念を展開しました。

8　それらについては「3　カウンセリングと心理療法」で概観していくことにしましょう。

9　日本では、これまで、日本臨床心理士資格認定協会により指定を受けた大学院で学んだあと、認定試験に合格することで得られる臨床心理士が主でした。しかし、2015年9月に「公認心理師法」が成立し、今後は国家資格である公認心理師の養成課程を経て試験に合格することが求められることとなりました。

それでは臨床心理の専門家はどのような養成を受け、活動を展開していくのでしょう。臨床心理の専門家は広範な「人」の問題にかかわっていきます。個人の問題（混乱した心理状態や行動の問題、発達上の問題など）、家族の問題（夫婦関係や親子関係、家族全体の構造や力動の問題など）、集団の問題（学校や職場のシステム的な課題や集団に展開する人間関係の問題など）など、人が生活するさまざまな領域にかかわり、そこに成立する問題についてアセスメントをし、問題の変容やそこでの人間関係の発展に向けて役割をとっていくのです。そのために専門的知識や技能を訓練することが求められています[9]。

臨床心理の専門家が活動する領域は、医療を必要とする人々を対象として精神科医と連携しながら進められる医療領域での心理臨床活動は重要なものですが、それ以外にも教育（スクールカウンセリング、学生相談、教育相談など）、司法・矯正（家庭裁判所の調査官や刑務所、少年院などの心理臨床的諸活動）、家族支援（子育て支援、発達支援、教育相談、DV相談など）、産業（産業カウンセリング：職場での人間関係や不適応の問題を扱う）など、広範にわたっているのです[10]。そしてどの領域でも他の専門家たち、（たとえば、学校であれば、教師、保健所であれば、保健師など）との連携・協働が必要であるところに臨床心理学の特徴があるといえます。

こうしてみていくと、精神医学が精神的な病理の治療を対象とするのに対し、臨床心理学は、広く人間の生活する場に生起してくる人間関係的な諸問題の解決に向けての援助を専門とすることが理解されます。

精神医学と臨床心理学は、それぞれ独自の領域をもちながらも、相補的に人々が生活する中で生じてくる諸問題に発展的にかかわっていく関係といえるでしょう。

---

10 現在、臨床心理士をはじめとするさまざまな心理学関係資格が存在しています。いくつかを紹介すると、「学校心理士《がっこうしんりし》」とは、学校心理士認定運営機構が認定する民間資格であり、臨床発達心理士《りんしょうはったつしんりし》とは、一般社団法人臨床発達心理士認定運営機構が認定する民間資格、「認定心理士《にんていしんりし》」は、日本心理学会が心理学の「最小限の標準的基礎学力と技能を修得している」ことを認定するものです。その他にも学会などによる認定資格が多数あります。

●参考書

中井久夫（2013）『分裂病と人類』東京大学出版会

上島国利・上別府圭子・平島奈津子編（2013）『知っておきたい精神医学の基礎知識第2版』誠信書房

アンリ・エレンベルガー／木村敏・中井久夫訳（1980）『無意識の発見――力動精神医学発達史』弘文堂

３　カウンセリングと心理療法

代表的な考え方

『カウンセリングと心理療法』[1]という本がアメリカでカール・ロジャーズという心理臨床家によって公刊されたのは１９４２年のことです。この本だけでなく、ロジャースの理論全般がカウンセリングや心理療法に与えた影響は大きなものでした。いまや、心理臨床の常識となっている「共感」や「受容」といった概念も、ロジャースが明示したものです。また、それまでの心理療法に見られた「患者（patient）」の「治療」というとらえ方を、「援助を求めてやってくる人＝クライエント（client）」への「援助」というとらえ方へと広げたのも彼といっていいでしょう。彼は、心理療法への関心を深めていく中で、その本質を「その関係の当事者の少なくとも一方の人が、相手が成長するよう、発展していくよう、成熟した人間になるよう、より良く機能するよう、また、生活により良く対処できるように促進することを目指している関係」とし、それを**援助関係**と呼びました。そしてカウンセリングには「成長を目指している非常に広範囲な通常の人間関係が含まれる」とし、「教育カウンセリング、職業カウンセリング、人格カウンセリング」など広い援助関係を示し、その中の人格カウンセリングに、従来のセラピストと精神疾患や神経症などの患者や社会関係や家族関係などで不適応を起こしている人たちへの援助関係を位置づけたのです。彼は、「自分自身がより良く機能するために、人格的な成長を促進するためにセラピーに入ってくる」正常な人への援助も重視しました。

1　Rogers, C.（1942）*Counseling and Psychotherapy: Newer Concepts in Practice*. Boston: H. Mifflin.〔ロジャーズ／末武康弘・保坂亨・諸富祥彦訳（２００５）『カウンセリングと心理療法――実践のための新しい概念』岩崎学術出版社

現在では、カウンセリングと心理療法は厳密に区分されずに使われることが多いのですが、心理療法という場合、セラピストとクライエントの治療関係に特化されて使用されるのに対し、カウンセリングという概念はより広い、包括的な援助関係を示すものといっていいでしょう。セラピスト（カウンセラー）は、それぞれが依って立つ理論や学派の方法論に従ってセッションを展開しているので、代表的な心理療法の立場を取り上げ、その基本を述べていきましょう。

精神分析療法

精神分析療法はS・フロイトによって創始された心理療法であり、その後の心理療法の発展に多大な影響を与えました。その基本は、人の現在の問題は、過去から抑圧してきた葛藤に起因しており、自らの葛藤に関する洞察を得ることによって現在の自分の問題の解決を図ろうとするものです。

フロイトの開発した方法として、**自由連想法**があります。これは、クライエントが寝椅子に横になり、セラピストは背後に位置した状況で、クライエントには心に浮かんだ考えを自由に言葉にするよう促すというものです。クライエントが話す言葉をセラピストはしっかり聞き、クライエントの言葉や行動に解釈を加えていきます。この解釈という技法が、精神分析の中心的技法といえるでしょう。自由連想法は、セラピストとクライエントがセッションの中では顔を合わせないという特徴的な方法ですが、もちろん、一対一の対面した状況でも精神分析的な心理療法は展開されます。

精神分析の重要な概念として、**転移**があげられます。これは、セラピストに対するクライエントの反応をいうのですが、これをクライエントの現実のセラピストに対する反応としてとらえるのではなく、過去にクライエントにとって重要であった人物への反応としてとらえていきます。たとえば、クライエントが、セラピストの反応を気にし、セラピストの機嫌をとるようにふるまっていると見ると、それは、過去の誰か、たとえば、親への抑圧された葛藤がセラピストに向けられ、セラピストの機嫌を気にしていると解釈するのです。セラピストによる転移の解釈がクライエントの問題解決に重要だと考えられているのです。また、セラピストがクライエントに対して抱く感情を**逆転移**と呼び、セラピスト自身が、無自覚なまま自分自身の葛藤をクライエントに向けることのないよう、自己の欲求や感情を自覚し、逆転移に左右されずにクライエントを理解する態度が求められています。そのために、精神分析的な立場をとるセラピーでは、セラピスト自身が精神分析を受けること――**教育分析**といいます――が必須とされています。

クライエント中心療法

クライエント中心療法は、先に述べたC・ロジャーズによって提唱されたセラピーです。知識や経験をもった相談者が、その知識や経験をもとにクライエントに指示やアドバイスを与えるといった関係ではなく、カウンセラーのクライエントへ向き合う態度を重視したものといえます。カウンセラーが、クライエントの話にしっかりと耳を傾け、クライエントが何をどのように感じ、どのように問題状況にかかわっているかを明らかにするプロセスにかかわっていけば、クライエント自らが気づき、成長していくことができる、クライエントはそうした力をもっていると考えます。そういう意味でクライエント中心なのです。クライエントに向き合うカウンセラーの態度としては、**無条件の肯定的関心**、**共感的理解**、**自己一致**等があげられています。無条件の肯定的関心とは、クライエントの表現を、肯定的なものも、否定的なものもすべて関心をもって受け止めることといえます。共感的理解とは、クライエントの感情に添って聴いていく態度であり、そこでカウンセラーが感じ取ったことをクライエントに伝えながらカウンセラーとクライエントの人間関係を基盤にカウンセリングを進めていくことといえます。自己一致とはカウンセラーが専門家の仮面をかぶることなく、その場での自分の感情に気づきながら誠実にかかわっていくことといえるでしょう。

認知行動療法

認知行動療法は、1910年代から発展した**行動主義心理学**を基盤にしています。1950年代に**行動療法**が登場し、その発展過程で認知の役割が重視されるようになり、1970年代になって認知を修正していく**認知療法**が発展していきました。この立場で重要なのはクライエントの訴える症状は、経験の中で形成されてきたものであるという考え方に立つ**学習**という概念です。学習とは環境からの刺激と私たちの反応の結合であるとするSR理論（S＝Stimulus 刺激、R＝Response 反応）と、私たちのものの見方は経験の中で形成してきたものであるとする認知理論が代表的なものです。SR理論を基盤とした心理療法が行動療法で、クライエントの訴える症状をターゲットに、その症状を客観的に査定し、症状に合った治療介入技法を選択し、実施し、効果を厳しく評価するというプロセスで進みます。また、認知理論をもとにした心理療法が認知療法と呼ばれるもので、クライエントの認知の歪みに焦点を当てます。症状は**不合理な信念**（Irrational Belief）によってもたらされるとし、その信念の変容を目指していきます。そして、これら２つの療法を結びつける理論が１９８０年代から盛んになり、認知行動療法として発展しています。認知行動療法は、クライエントとセラピストが対等なパートナーとして、二人で、症状のメカニズムや、それに関与している認知（考え方や信念）の特徴を明らかにして、変化の方向性や方法（技法）を共有しながら進めるところに特徴があります。認知行動療法の技法は、**認知的ストラテジー**[2]と**行動的ストラテジー**によって構成されています。クライエントは自分の問題や症状を具体的に理解することができ、自分の認知や行動を**モニタリング**（自己監視）することで、自己の変化に気づきやすくなるといえます。

ブリーフ（短期）療法

精神分析等の心理療法は、治療期間をはっきりとは限定せず、長期間にわたって実施されることが多かったといえます。したがって、療法を受けられるのは、時間的にも経済的にも余裕のある人に限られることとなりました。それに対して、治療目標を明確にして短期で効果を上げようと発展してきた心理療法を総称して**ブリーフ（短期）療法**といいます。家族療法の立場から発展してきた療法（ＭＲＩアプローチなど）や、解決志向短期療法（ソリューションフォーカストアプローチ）などがあげられます。

ブリーフ療法の特徴は、問題の原因探しをするのではなく、例外探し（問題の中で既に解決している部分を探す）をするところにあるといえるでしょう。そして、うまくいっていることをもっと続けて増やしていくことで問題は解決していくと考えます。また、新たな試みをしてみることで、それまでのうまくいっていない関係を変えていこうともします。

2　ストラテジーは戦略、計画、方法という意味で、大きく認知を変容する方法と行動を変容する方法とに分けられます。

また、精神分析的な療法にも短期終結という視点を取り入れて変化していく動きがあります。これらの動きは、社会の変化に伴って、一部の豊かなクライエント層だけでなく、多様な層からのカウンセリングや心理療法への需要が高まってきたことから必然的に起こってきた変化といえるでしょう。

●参考書
ジェームズ・Ｏ・プロチャスカ&ジョン・Ｃ・ノークロス／津田彰・山崎久美子監訳（２０１０）『心理療法の諸システム――多理論統合的分析』金子書房
前田重治（２０１４）『精神分析的面接入門』誠信書房
Ｈ・カーシェンバウム&Ｖ・Ｌ・ヘンダーソン編／伊東博・村山正治訳（２００１）『ロジャーズ選集――カウンセラーなら一度は読んでおきたい厳選33論文（上、下）』誠信書房
下山晴彦（２０１１）『認知行動療法を学ぶ』金剛出版
大野裕（２０１１）『はじめての認知療法』講談社現代新書
ピーター・ディヤング&インスー・キム・バーグ／玉真慎子・住谷裕子・桐田弘江訳（２００４）『解決のための面接技法――ソリューション・フォーカスト・アプローチの手引き』金剛出版
東豊（１９９３）『セラピスト入門――システムズアプローチへの招待』日本評論社

4 心理アセスメント

支援の方針をたてる

心理アセスメントとは、〝見立て〟〝査定〟ともいわれ、臨床心理学の視点から対象を把握する・評価するということで、臨床心理学の専門領域の中で重要な位置を占めます。

相談に来た人、援助を求めている人をクライエントといいますが、アセスメントはその人たちを臨床心理学の視点からどうとらえていくかという重要なプロセスなのです。なぜなら、そのとらえ方によって治療・援助活動をどう展開していくかが方向付けられるからです。

心理アセスメントの特徴

かつては「心理診断」という言葉が使われていました。「診断」という言葉は、医学の領域で使用される言葉です。医学では、「診断」という行為が非常に重要で、診断がついてから方針を定め治療を始めることを基本としています。医学は人間の身体という「もの的」な異常を治療の対象とし、「もの」の異常を明らかにするためにさまざまな検査という活動を実施し、明らかになった異常性に働きかける（治療行為を実施する）というプロセスモデル（医療モデル）をもっています。

臨床心理学でも、かつては、人間の病理性に焦点を当てて、それを心理検査で明らかにし、治療活動を開始するといった**医療モデル**に準じた臨床活動が主流だった時代がありました。しかし、臨床心理学の発展と、展開する領域の広がりは、「医療モデル」から脱却しつつあります。それは下記のような臨床心理学の特徴からとらえることができます。

①臨床心理学の対象である問題性は、個の内面の問題だけでなく、状況性や関係性における問題であること

具体的に述べると、たとえば、「学校に行かない」ことが問題性として浮かび上がったとしましょう。それを「その子の問題」ととらえてその子どもをアセスメントし、治療的に働きかけることもひとつの方向でしょう。しかし、子どもの行動は、さまざまな関係の中で展開します。家族の中に機能不全が見られたり、学級集団や仲間関係に問題状況がとらえられる場合もあります。家族関係や集団に変化が見られると登校し始めるということもあるのです。このように、問題を個人内の問題としてだけ見るのではなく、広く関係性・状況性においてとらえ、関係や状況の変容を同時的に図ることが臨床心理の特徴のひとつです。

②臨床心理学の対象は「人」であること

人は、自己とかかわり（内面性という言葉で語られるものも含まれます）、人とかかわり、物とかかわりながら、そこに成立する状況の中で生きています。それらの関係のどこかで、関係の発展が阻まれたとき、問題として浮かび上がってくるといえます。臨床心理学は、そうした人に成立してくる問題性にかかわっていくのです。

③「人」は、関係の中で変わること

たとえば、あなたが、個別に心理テストを受けることを想定してください。テスターの言葉遣いや態度によって、心理テストに向かうあなたの気持ちは変わってきますし、答えの内容も変化することがあるのではないでしょうか。心理テストでは、変化しにくい部分をとらえていこうとしますが、関係において変化する部分もあることは重要です。

こうした特徴は、アセスメントにおいて同定したものは、変化している関係の中で、ある局面を一時的に切り取ったものであり、そして、臨床心理学的治療活動は、クライエントとかかわりあいながら、援助者が常にクライエントとの関係をアセスメントしながら展開されるものだということを意味しています。つまり、アセスメントと治療活動は相即的なものという側面をもっているといえるのです。また、クライエントの側も関係の中で、援助者をたえずアセスメントしていることも忘れてはいけないでしょう。

心理アセスメントの方法

それでは、臨床心理学的アセスメントにはどのような方法があるのでしょう。

① 観察法

観察法は、最も重要な、心理アセスメントの基本です。カウンセラーやセラピストは、クライエントの話を聞きながら、また、共にいる状況の中でのその人の行動に関して、さまざまな側面を観察していきます。**プレイセラピー（遊戯療法）**[1]では、子どもと遊びながら、その子どもの特徴を観察していきます。

このような臨床場面での観察は、他の科学で用いられる観察法とは大きく違います。他の科学の観察では、観察者が観察対象にかかわることはなく、外側から対象をとらえていきま

1　「6　プレイセラピー（遊戯療法）」の項参照。

す。観察者の対象への影響は排除し、そこに客観性を求めます。しかし、臨床心理学における観察法は、「かかわりながらの観察」です。**関与観察**、**参加観察法**ともいわれます。臨床心理学的観察法が展開する状況は、観察する人と観察される人とが相互にかかわりあい影響しあって成立しています。かかわる人のかかわり方によってそこに展開する状況が異なり、そこでとらえられてくるものも異なるという特殊な観察法なのです。そこには絶対的な客観性というものはありません。したがって、観察者は自己のかかわり方を常に内省しながら、クライエントにかかわっていくことが重要となります。

② テスト法（検査法）

「テスト」という「もの」にクライエントがかかわる活動を媒介にしてアセスメントを進めていく方法が**テスト法**です。**心理テスト（心理検査）**と呼ばれるものには下図のようなものが開発されています。

エビデンスベースト

一方、最近、アメリカの動向を取り入れて、日本でも**エビデンスベースト**の重要性が指摘されるようになって来ました。これは、心理療法の効果を数量化したエビデンスで示すという方向性で、ブリーフ療法[2]や認知行動療法[3]の立場から強く主張されています。そのためには、心理療法を展開する前にさまざまなツール（質問紙やチェックリストなど）によるアセスメントによって

- 検査法
  - 知能検査
    - 個別検査
      - ビネー式（田中ビネー, 鈴木ビネー, 辰見ビネー など）
      - ウェクスラー式（WPPSI, WISC, WAIS）
    - 集団検査（A式=言語式, B式=非言語式 など）
  - 発達検査
    - 質問紙法 ── 乳幼児精神発達診断法（津守・稲毛式）
      遠城寺式乳幼児分析的発達検査法
      改訂　日本版デンバー式スクリーニング検査など
    - 個別検査法 ── 新版K式発達検査法
  - 適性検査（職業適性, 進路適正, 職業興味検査 など）
  - 性格検査
    - 質問紙法（Y−Gテスト, MMPI, EPPS, など）
    - 投影法
      - 視覚的刺激によるもの（ロールシャッハ, TAT, CAT など）
      - 表現によるもの（自由描画法, 人物画テスト, 樹木画テスト, 描画完成テスト, HTP など）
      - 言語, 文章によるもの（言語連想テスト, SCT, など）
    - 作業検査法 ── 内田クレペリン検査

心理テスト（心理検査）

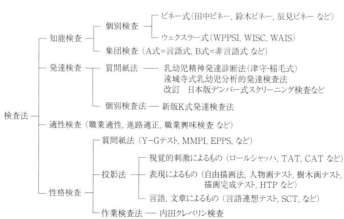

治療のターゲットを明確にし、終了時に再度アセスメントすることによって、その治療効果を明らかにする手法がとられています。こうした方向は、アメリカの保険システムとも結びついて発展してきたものですが、アセスメントツールを用いた効果測定という方向は日本で実施される心理療法にも色濃く反映されてきているといえます。

2　「3　カウンセリングと心理療法」の項参照。

3　「3　カウンセリングと心理療法」の項参照。

●参考書

上里一郎監修（２００１）『心理アセスメントハンドブック』西村書店

下山晴彦（２００８）『臨床心理アセスメント入門――臨床心理学は、どのように問題を把握するのか』金剛出版

パート・2

さまざまなアプローチ

5　子どもの心理臨床

「問題」を誰がどのようにとらえるのか

子どもの臨床心理には、大きく2つの領域があります。ひとつは、**発達臨床**といわれる領域で、主として子どもの心身の発達上の問題や障害の問題にかかわるものです。もうひとつは、**関係の中で生じてきた問題**、つまり、家族関係や集団関係の歪みの中で生じてきた課題を扱っていく領域です。子どもは発達していく存在ですから、この2つの領域は大きく重なりながら存在していますが、ここでは後者について述べていきます。

子どもに心理治療の場が用意されるのは、大人が子どもに「問題」をとらえたからです。何が「問題」としてとらえられたのでしょう。誰が「問題」ととらえたのでしょう。そして、子どもの心理臨床の場面では、何をしていくのでしょう。

何が「問題」か

問題をとらえる大人の側に成立する認識のひとつとして、多くの子どもに共通に見られるもの、つまり平均的なものから子どもをとらえ、どの子どもも平均的なものに近づけようとしたとき、平均的でないことが問題だととらえるということがあります。

また、「乱暴な子」「内気な子」などのように、型にはめて子どもをとらえるとらえ方から「問題」を把握することも見られます。いつでもどこでも乱暴だったり内気だったりする子はいないのですが、目立ってとらえられる部分を枠として子どもをとらえ、「問題」として

1　ADHDは、注意欠陥・多動性障害（attention deficit／hyperactivity disorder）の略称です。基本的特徴として、不注意および／または多動性・衝動性が持続的に、あるいは頻繁にみられ、そうした特徴は7歳以前から存在し、それによって明らかに発達に相応した対人関係的、学業的、または職業的機能に困難をきたしているものを指します。

把握するといえます。

大人には、子どもを「問題」としてとらえることの責任が生じます。どのようにその子どもをとらえ、どのようにその成長を援助していったらいいかは、大人の側の問題なのです。

誰が「問題」ととらえているか

「問題」で困っているのは誰でしょう。どの子どもも、それぞれの個性をもって成長していきます。その個性のある部分をとらえて、困ることと把握するのはあくまで大人であって、困らないようにしたいのも大人といえるでしょう。しかし、大人に困られることで困る子どももいるといえます。その子どもが、自分を取り巻く状況で困らないで生き生きと生活できるようになるために、臨床心理の場は用意されるといえます。その主な活動は、プレイセラピーやカウンセリングです。

治療者は「問題」をどうとらえるか

今ここで子どもに出会って、その子どもが伸びるためにはどのような関係体験が必要かという視点で「問題」をとらえなおすこと（**発達課題**の把握）が必要です。そして、臨床の場でその子どもに見出された発達課題と、生活の場でかかわる大人のとらえた「問題」との対応関係をとらえることが治療者には求められます。

また、子どもを否定的にとらえ、「できないところ」や「困ったところ」をとらえるのではなく、どういう関係の中で、その子どもがうまくいかずにつまずいているか、どういう関係を用意すると、その子どもは困らずに生き生き活動できるかをとらえていきます。そして、

2　平成16年に制定された発達障害者支援法では、「発達障害」とは、自閉症、アスペルガー症候群その他の広汎性発達障害、学習障害、注意欠陥多動性障害その他これに類する脳機能の障害であってその症状が通常低年齢において発現するものとして政令で定めるものをいうとされています。この法律では、発達障害を早期に発見し、発達支援を行うことに関する国及び地方公共団体の責務を明らかにするとともに、学校教育における発達障害者への支援、発達障害者の就労の支援、発達障害者支援センターの指定等について定めることにより、発達障害者の自立及び社会参加に資するようその生活全般にわたる支援を図り、その福祉の増進に寄与することを目的とするとされています。

臨床の場の活動に参加する中で、子どもが育てていくものを肯定的に受け止めていくのです。

レッテル貼りの排除

臨床心理の場では、問題とされる行動の**アセスメント**が重視されます。アセスメントとは、問題とされる行動をセラピストがどのように把握して臨床活動を方向付けていくかということです。しかし、子どもの臨床心理の場において、問題とされる行動に名前を付けることで終わる活動も多いといえるのです。たとえば、親が子どもの気になる行動に気づいて専門家を訪ねたとき、そこで「ＡＤＨＤ」[1]とか「発達障害」[2]という診断名をつけられ、そのまま、「様子を見ましょう」で終わる臨床活動が残念ながら存在します。そして、親は、不安に駆られ、専門家を次々回るといった現象も見られます。診断名をつけることの責任は、行動の変容（治療）の方向性に対する責任を伴うということです。子どもにどうかかわっていくかの方向を見出せないまま、不安を増幅するレッテル貼りは避けなければなりません。

周囲との連携活動

子どもがプレイセラピー等臨床の場で成長していくとき、同時にその子どもが生活する場も、その子どもが生き生き生活できるように変容していくことが必要です。そのためには、保護者や先生等、その子どもにかかわる大人たちが、自分たちの子どもとのかかわり方の課題に気づき、変化させていく努力が必要です。そのために並行して家族（多くは母親ですが）との相談活動を展開させていくことが大切です。

保護者は、その子どもと日常的に最もかかわりをもち、子どもを最も良く知る人です。そ

3　保護者が子どもとの関係を学び、子育てに生かしていく方法としては、次のようなものがあります。

①ペアレンティングトレーニング：親として、子どもにどうかかわっていくかをロールプレイングなどを通して学んでいく方法です。現在、日本に紹介され、実施されているものをいくつか紹介します。

＊トリプルＰ：オーストラリアで開発され、現在16カ国で実施されている、親向けの参加型の学習プログラム

＊コモンセンスペアレンティング（ＣＳＰ＝Common Sense Parenting）：アメリカで開発された「被虐待児の保護者支援」のペアレンティングトレーニングのプログラム

＊ノーバディーズパーフェクト（ＮＰ＝Nobodey's Perfect）：カナダで開発された子育て中の親支援プログラム

＊CARE(Child-Adult Relationship Enhancement＝子どもと大人の絆を深めるプログラム)：後述するＰＣＩＴのエッセンスをもとに、米シンシナティ子ども病院を中心に開発された子どもとかかわる大人の

の保護者が子どもとのかかわりを学び、自信をもって子育てにかかわれるようにする技法[3]も多様に開発されていますし、今後も発展していくでしょう。

ための心理教育的介入プログラム

② 親子相互交流療法（ＰＣＩＴ：Parent-Child Interaction Therapy）

米フロリダ大学のシーラ・アイバーグ等によって開発されたプログラム。さまざまな問題行動を呈している２歳から12歳の子どもとその養育者に、ライブコーチングという方法を用いて養育者と子どもの関係を改善していく治療法です。

●参考書
春原由紀（２０１１）「プレイセラピーと関係論――子ども相談の基礎」武藤安子ほか『関係〈臨床・教育〉――気づく・学ぶ・活かす』不昧堂出版

６　プレイセラピー（遊戯療法）

遊びを通しての変容

ここでは、子どもへの心理療法について考えていきましょう。子どもの心理療法として代表的なものは**プレイセラピー（遊戯療法）**です。プレイセラピーとは、子どもの生活の中心的活動ともいえる遊びの体験を通して、日常生活の中で生じている関係の歪みを子ども自身が変革していくあり方を育てる方法といえます。

プレイセラピーの展開

【初期】日常生活で生じている関係の歪みの形が、プレイセラピー場面でも、セラピストとの関係や、自分へのかかわり、物との関係の担い方にとらえられることが多いといえます。たとえば、日常生活で「いさかいが起きるとお友達にすぐ暴力をふるってしまう」ことが問題とされプレイセラピーにやってきた子どもが、プレイセラピーの場で何かうまくいかないことがあるとイライラして、セラピストをぶったり、きつい言葉を投げたり、物にあたったり、という行動をとることがあります。しかし、セラピストは、遊戯療法の中で、子どものどのようなあり方をも尊重し、「受け入れて伸ばす」ということに努めます。「うまくいかないからイライラしちゃうね」と子どもの感情や行動を受け止め、言葉にして返しながら子どもを見守ります。すると子どもは日常生活の中では叱られたり、認められなかったりするのに、ここでは違う、自分が受け入れられ、認められるんだという体験をしていきます。安全感が生まれ、自己の可能性を育てていくことができるのです。

【中期】子どもに芽生えつつある新しい可能性を伸ばしていきます。子どもが自発的にふるまえる領域を増やし、生き生きと活動する体験の中で自己、人、物との関係が円滑に展開していくようにしていきます。子どもは、自分のしたいことを実現していくためには、人との関係をどうしていったらいいかを楽しさの中で学習していくといっていいでしょう。

【後期】日常生活と対応する関係をセラピー場面に用意しながら、セラピー場面での体験が、生活場面へつながり、生かしていけるようにしていきます。その方法のひとつとして、グループプレイセラピーを用意することもあります。セラピストと自分との関係だけでなく、集団内のほかの人たちとも安定的に、発展的にかかわることができる体験を通して、日常生活に生かしていける行動を獲得していくのです。

プレイセラピーの設定

このように、セラピストとの遊びという活動を通して子どもの問題とされた行動や情緒や認知の変容を目指していくのですが、そこでの子どもの体験を豊かで意味あるものとしていくための状況設定が必要です。

① 遊戯治療室（プレイルーム）

遊戯活動を行う場所であり、子どもの可能性をできるだけ広げることのできる広さと機能をもつことが望まれます。たとえば、空間的に広い治療室の中に、子どもが入り込むことのできる小さな空間を作るということがあります。そのような狭い空間を好んで選ぶ子どもは、その中で安定して自己の世界を展開していくことができます。一方で閉ざされた世界にいながら、開かれる可能性をそこに用意しておくこと（たとえば、出入り口は開いたままにしておく）によって、安定的な体験をした後、自己の世界を拡大していくこと（外とのやり取りや外へ出ていく等）もできます。その過程が治療過程ということができます。また、子どもの遊びを誘う物の配置や舞台を置いて物理的勾配関係を用意して人との関係体験を広げていくこともあります。

② 遊具

遊戯治療における遊具の役割としては、アセスメント即治療活動を促進する役割があります。治療室に入って、子どもがどのような性質の遊具を選択するか、その遊具をどのように使って遊びを発展させていくか、遊具を媒介にして人との関係をどのように展開していくか、などの観点から、子どもの現在の発達段階や課題をとらえていくことができるのです。

セラピストは、そのアセスメントをひとつの目安にしながら、子どもの伸びていく方向をとらえ、新しい遊具を投入して、新しい物との関係を発展させたり、遊具を媒介にして人との関係がどのように変容していくかなどをとらえながらかかわっていきます。

以上のように治療目的を達成するために、治療室にはいろいろな種類の遊具を子どもが選びやすいように配置しています。しかし、子どもによっては、遊具を限定したり、配置を工夫したりする必要性もあります。それぞれのケースの目的によって、物の用意の仕方は考えられなくてはならず、物をいかに用意するかはプレイセラピーの治療計画の中で重要といえます。

1　プレイセラピーの８原則：プレイセラピーに必要な基本原則として、アクスライン・V・Mによって提示された８原則があります。
　１　温かで共感的な対応を心がけ、子どもとラポール（相互信頼関係）を形成しやすくする。
　２　子どもをありのままに受容する。
　３　子どもが自由に遊べるような許容的雰囲気を作る。
　４　子どもの感情表現に対して、適切な気持ちを反射する。
　５　子どもに遊びを通して自信と責任をもたせるようにする。
　６　子どもを指導・統制しようとせずに、非指示的態度で子どもの行動の後にカウンセラーが従う。
　７　遊戯療法の過程を焦らずに、ゆっくりと進む治療プロセスを待つ。
　８　子どもの発達に見合った「現実原則」が働くような一定の制限を与える。

さまざまなプレイセラピー（遊戯療法）の立場

プレイセラピーの基盤となる理論によって、プレイセラピーの進め方は少しずつ異なります。精神分析的プレイセラピーの立場では、言語化の代替物としてプレイの意味をとらえます。「プレイは子どもの無意識の葛藤や欲望の発見を可能にする。自由連想と同じように解釈の対象になる」とするメラニー・クラインの考え方や「〈心理療法の〉本質的課題は子どもの発達を妨げている障害物を取り除き、発達を推し進める力や自我のリソースが、発達上の課題を達成できるようにすること」であるとするアンナ・フロイトの考え方などがあります。

また、アレンに代表される患者と治療者の治療関係そのものが心理療法の主要な契機であるとする立場（**関係療法**）では、治療場面における人間関係の直接体験を重視します。アクスラインに代表される**非指示的療法**では、子どもに感情を自由に表現させてそれを受け入れ、ともに共感することを重視し、プレイセラピーの８原則［1］を提示しています。

行動療法の立場は、子どもの問題行動そのものに向けられたアプローチであって、子どもの過去の体験とか、問題行動に伴っているかもしれない感情の問題にはあまり関心を向けないといっていいでしょう。行動療法の枠組みにおいては、プレイは行動変容という目的のための手段であると考えられ、プレイ自体に固有の価値があるとは考えないのです。

また、子どもたちの自由な相互関係を重視したグループセラピーも人間関係における関係体験を豊かにできる方法として有効とされています。

●参考書

ゲリー・ランドレス／山中康裕監訳（２００７）『プレイセラピー――関係性の営み』日本評論社

日本遊戯療法研究会編（２０００）『遊戯療法の研究』誠信書房

春原由紀（２０１１）「プレイセラピーと関係論――子ども相談の基礎」武藤安子ほか『関係〈臨床・教育〉――気づく・学ぶ・活かす』不昧堂出版

7 箱庭療法

箱の中に繰り広げられる私の世界

プレイルームの片隅に、あるいは、近くの小部屋に用意されている箱（57 cm×72 cm×7 cm）。中には砂が6～7分目入り、底が明るいブルーに塗られています。周囲の棚には、さまざまな種類のミニチュアが並べられている、これが**箱庭療法**の設定です。ミニチュアは、さまざまな服装やポーズをした人間や、猛獣や家畜といった動物、爬虫類や昆虫、樹木や植物、家屋や橋や石や乗り物などから怪獣や宗教的なもの（十字架や墓石など）、ビー玉やタイルなどの素材として使えるものなど、クライエントがイメージを想起しやすく表現しやすいものが集められています。

プレイセラピーの流れの中で、箱庭に関心をもったクライエントが自発的に、あるいは、セラピストに促されて、箱の中の砂を動かし、ミニチュアを並べて、自分なりの作品・世界を作り上げていくプロセスがもつ治療的な意味を生かしていくのが箱庭療法です。砂をすっと掻き分けると、水色の底が現れて、それが小さな池や川のように見えてくる驚きは新鮮です。そして、クライエントは砂の世界に誘われるように砂やミニチュアを使い、作品を作り上げていくプロセスで自己の躍動を感じていくのです。

ユング心理学と箱庭療法

箱庭療法は、M・ローウェンフェルトが1929年に子どものための心理療法の一手段と

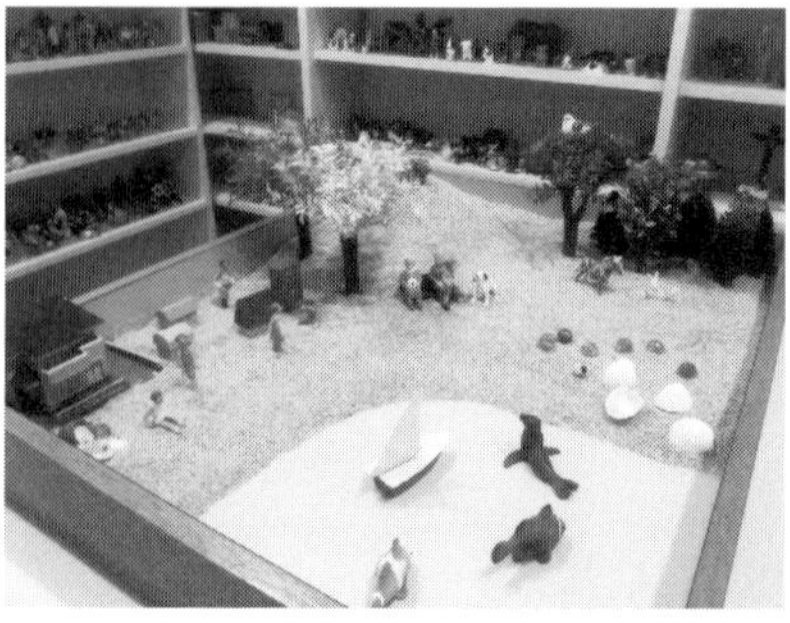

して考案したワールドテクニック[1]から始まりました。箱庭療法は、ワールドテクニックを学んだD・カルフが、1965年にユング心理学の理論を導入して発展させていったものです。日本には、河合隼雄によって1965年に紹介され、その後、治療法、診断法として発展していきました。

ユング心理学の影響を強く受けて発展した箱庭療法ですから、表現されたものから心象（image）の世界をとらえるために「解釈」の作業が重視されますが、同時に河合ら[2]は、「箱庭は治療者と被治療者との人間関係を母胎として生み出されたひとつの表現」であるとし、場面における治療者と被治療者との関係性を重視しています。「治療者の受容的な態度に支えられて、クライエントの心に中に新たに生じてくるものを大切にし、その発展の可能性を生か」していくことが、箱庭療法の基本といえます。

箱庭療法の特徴

箱庭療法の特徴として以下のような点が上げられています。

① **非言語性**：言葉で自分の感じていることを表現するというのはなかなか難しいことです。箱庭療法では、何も語らずに、自分の感じるままに自分の世界を表現することができます。

② **簡便性**：特にやり方を指示するまでもなく、そこにある砂の箱とミニチュアに誘われて、簡単に作業が始められます。

③ **触覚性**：小さいころに砂場で時間を忘れて遊んだように、砂の感触は気持ちを解きほぐしてくれます。

1　ワールドテクニックは箱庭療法の原型といえるもので、ローレンフェルトは、解釈や転移なしに治療できる方法としてこの技法を思いついたといわれています。子どもの考えは思考・感情・感覚・観念・記憶がすべて絡み合っているもので、これらを十分に表現するために触覚のような感覚の要素をもった技法としてこの技法を開発し、子どもの内的世界の表現であるといった意味でワールドテクニックと呼んだのです。

2　河合隼雄編（1969）『箱庭療法入門』誠信書房

④**視覚性**：砂を掻き分けると池のある風景ができ、動物を１匹置くとまた新しい風景が広がり、というように、視覚的に刺激を受けながら新しい世界を作り出していけます。

⑤**クライエントの世界であること**：そして出来上がってくる世界は、クライエント自身が作り出した世界です。

⑥**実験可能性**：こうしてみたらどうなるだろう、やっぱりこの方がいいかなと、箱庭にかかわる状況はいろいろ試してみることができるといえます。いろいろやってみて自分が納得できる世界が表れたとき、クライエントの表情に達成した喜びがみられます。

⑦**セラピストの参加可能性**：セラピストは、黙って見守ることもできますし、観客のように「ライオンが出てきたんだあ」と言葉をかけることもできます。また、躊躇するクライエントには、「見て！」と自分がやってみせ、演者的に誘いかけることもできます。

⑧**ストーリー性**：作っている過程も、また作り終わった後も、そこに生成される風景にはストーリーが伴います。「この人は何をしているのかなあ」とセラピストが聞いてみると、クライエントは「お昼寝してるの」とか「遊んでるんだよ」などと話してくれます。それをセラピストが受け止め、広げることによってクライエントとセラピストがストーリーを共有することができます。

⑨**一定の収まりをつけることができること**：クライエントは自分の納得した風景が出来上がると、自分で「できた」と、区切りをつけることができます。ひとつのまとまりをもった活動として収まりをつけることができます。

このような箱庭のもつ性質に支えられながら、活動を重ねていくうちに、箱庭に表出されるクライエントの「私の世界」が変容を見せ、クライエント自身も変容していくのです。出来上がった箱庭の解釈も意味があるといえますが、解釈以上にクライエントが箱庭にかかわるプロセスで、「私の世界」が少しずつ収まったり、広がったり、新しくなる活動としての意義は大きいといえるでしょう。

●参考書
河合隼雄編（１９６９）『箱庭療法入門』誠信書房
ドラ・Ｍ・カルフ／山中康裕監訳（１９９９）『カルフ箱庭療法［新版］』誠信書房

8 家族療法

家族というシステム

心理療法の歴史は100年余のものですが、かつては問題を、個人に内在するものと考え、個人に対してその心理状態をアセスメントし、その個人にさまざまな技法を使って働きかけ、その個人が変化し、回復していくことが目指されていました。しかし、個人は家族の関係の中に生まれ、育ち、生活していることに目を向け、「家族」の「関係」の変容を考えていくという新しい方向が出てきたのです。それが**家族療法**と呼ばれるもので、1950～60年代から主としてアメリカを中心に、家族を対象とした治療・援助活動がさまざまな実践家・研究者たちによって展開されてきました。

システム理論

家族療法の発展において重要な役割を果たした概念に、**システム理論**があります。家族は、個人が単に集まったものではなく、家族の維持を目的として成員が互いに影響を与えあう、ひとつのまとまりをもったシステムであると考えるのです。そこには、**全体性**：家族は個の総和ではない、総和以上のものになる、**自己制御性**：家族はホメオスタシス[1]のように逸脱を抑え、バランスをとろうとする性質をもつ、**変換性**：家族は環境に合わせて変化していこうとする働きをもつ、といった特徴があるとされています。こうした家族の成員に問題が生起しているとき、それはひとつの原因から生じ、その原因を改善すれば問題は解決すると

1　本来、ホメオスタシスとは、有機体が、生命維持のために外界の変化に対応して内界のバランスを保持しようとする生理的機能をいいます。このホメオスタシスの機能が精神的現象においても存在することを見出したのは、ゲシュタルトセラピーの提唱者であるパールズでした。家族療法においては、家族というまとまりにおいてバランスをとろうとする力動が生じることをさします。

考えるのではなく、家族の関係の中にそうした問題を形成・維持するシステムがあると考え、相互に関係しあう家族システムを治療の対象とします。

また、家族療法には、クライエントの心理的問題や症状が、家族の過去の歴史と結びついているとして、現在だけを取り上げるのでなく、その家族の歴史から関係性を紐解いて理解していくという多世代家族療法や、家族の中に形成される**サブシステム**[2]間の関係をとらえる**家族システム論**等多様に発展しています。

患者とみなされた人

家族療法では、問題を表出している人を**ＩＰ**（Identified Patient「患者とみなされた人」）と呼びます。問題の解決を求めて来談した人を**ＣＬ**（Client クライエント）と呼び、それは息子の問題行動に困った母親であったり、夫の問題行動に悩む妻だったりします。問題を表出している人（ＩＰ）は当初は治療場面に登場しないことが多く、困っている家族が来談することが多いといえます。相談治療では、困っているクライエントが家庭でのＩＰとの関係性を変えることから始めます。家族間の関係が変容していくプロセスで、ＩＰも自分の問題に気づき、来談してくることも多いといえます。

家族療法の形態としては、家族全員が集まって実施されるものや、カップルカウンセリングのように夫婦を対象に行われるものもあります。これらは直接的に家族関係に介入していく療法といえますが、家族の一人が来談し、相談治療活動の中で家族の関係や問題について洞察を得、その人がキーパーソンとして家族関係の変容を具現化していく形もあります。カウンセラーは、そのキーパーソンを支え、支持しながらプロセスを共に歩きます。

2　家族の中には性別や世代別や役割などの境界ができ、ひとつのまとまりを形成します。それがサブシステムです。家族のそれぞれがサブシステムを形成し、各サブシステムはそれぞれ独自の変化をしながら、相互に関係しあい、全体として一定のまとまりを保持しています。

●参考書

日本家族研究・家族療法学会編（２００３）『臨床家のための家族療法リソースブック』金剛出版
長谷川啓三・若島孔文編（２００２）『事例で学ぶ家族療法・短期療法・物語療法』金子書房
東豊編（２００６）『家族療法のヒント』金剛出版

9 自助グループ

当事者同士による支援

自分と同じような問題や体験を抱え、苦しんでいる当事者たちが、グループを形成して連帯し、互いに支えあい、問題の解決や克服を図っていく活動を**自助グループ**（Self Help Group）といいます。自助グループの始まりは、１９３５年アルコール依存症に悩むボブ・スミスとビル・ウィルソンの二人によって始められた**ＡＡ**（Alcoholic Anonymous）と呼ばれる活動とされています。Anonymous とは匿名性という意味で、今ここに集まったメンバーが、どこの誰で、どこに住み、どのような社会的地位をもち、などということから解放されて、今、ここで自分の抱えている問題について語ろうとするものです。

ＡＡの特徴は、12ステップと呼ばれる指針に沿って活動が展開されることであり、現在90カ国以上で活動が展開されています。

ＡＡ以外にも、アルコール依存症の自助グループとして日本で独自に発展しているものに、「断酒会」があります。これはＡＡの活動を参考に１９５８年に高知市で松村春繁と下司孝麿が中心となって結成された「高知県断酒新生会」から始まりました。断酒会は日時を決めて例会を開き、参加者が自分の飲酒の問題についての経験を話し、それを参加者同士で分かち合い、その日一日飲まないで過ごす日を重ねていこうとするものです。参加者は、アルコール問題の当事者だけではなく、家族も参加し体験を話します。

また、アルコールの問題だけでなく、多くの嗜癖問題[1]や、うつ病などの精神疾患、交

---

1 「24 アディクション（嗜癖）・依存症」の項参照。

通事故被害者・犯罪被害者やその家族など、さまざまな自助グループがミーティングを開いています。地方自治体もこうした自助グループへの支援・協力を始めています。

自助グループのルール

自助グループの主体は当事者です。したがって、ミーティングへの参加はメンバーの自主的なもので、参加を誰からも強制されることはなく、いわゆる専門家がときには参加することはあっても、それは脇役でしかありません。ミーティングでは、問題に苦しむ当事者が、それまで、誰にも話せなかったり、話してもわかってもらえなかったりしてきた体験を語っていきます。したがって、そこは安全な、安心して語れる場所でなければならないのです。

そうした安全を守るために、多くのグループで共有しているルールがあります。それは「言いっぱなし聴きっぱなし」ルールと「ここで聞いたことは、ここに置いていく」ルール、「匿名性」のルールです。

①「言いっぱなし聴きっぱなし」ルール

これは、参加者の発言に対して、批判やアドバイスはしないで、ただ耳を傾けるということです。このルールは、聴く側にとっては、他者の話を聴く中で、自分だけでなく、同じような体験や悩みをもつ人がいるという事実を知り、それまでの自分だけが苦しんでいるといった孤独感を和らげることにつながります。そして、話す側にとっては、何を言っても批判されないことで、安心感が生まれます。自分の気持ちを発言したとき、それが集団で受け止められていると実感することは、自分が他者に大事にされているという感情につながっていきます。聴く・話す、この２つの役割を取り合いながら、しかも相手に介入しないという原則です。

②「ここで聞いたことは、ここに置いていく」ルール

これは、「今、ここ」でのグループ体験を大事にし、グループが終了した後、それぞれの生活に戻っていくメンバーが相互に侵入しない・侵入されないためのルールです。

③「匿名性」のルール

それぞれの生活に、グループのメンバーが侵入しないことを保障するもうひとつのルールが「匿名性」のルールです。メンバーが、自分の本名ではなく、アノニマスネーム（ニックネーム）で参加するということは、プライバシーを守り、一人ひとりの社会的生活を守っていくルールといえるでしょう。ミーティングの中にメンバーの社会的な地位などを持ち込まず、対等な人と人との関係を築いていくことでもあります。

先行く人

ミーティングは、基本的にオープンですから、当事者はいつでも参加できます。したがってミーティングでは、古くからの参加者と新しい参加者という参加体験の落差が生じます。ミーティングに新たに参加した人は、以前から参加している人たち、すなわち「先行く人」に自分のこれからの姿を見ます。また、「先行く人」たちは、新たな参加者の姿から自分の過去の姿を見、そして過去からの成長を実感します。このように参加体験の落差はミーティ

2　ピア（peer）とは、同僚・仲間という意味であり、障害をもった人々が、自立して平等に社会に参加していくことを支えあうという活動（自立生活運動）から発したものです。ピアサポートという場合は、同じ立場の人たちが支えあうこと全般をさし、ピアカウンセリングという場合は、同じ立場の人々が話を聴きあい、共感しあい、支えあう相談活動をさすことが多いようです。

ングに生かされているのです。

自助グループの中には、集団活動だけでなく、**スポンサーシップ**（スポンサーとスポンシーの関係）という個人の関係を展開しているものもあります。これは、グループの中だけではなかなか解決できない課題を、相談できる人（スポンサー）として特定の「先行く人」と契約して、力を貸してもらうことです。同時にスポンサーも、スポンシーの相談を受ける関係の中で多くを学び、成長していくという対等な相互関係を基本としています。

また、グループによっては、スポンサーという形ではなく、**ピア・カウンセリング**[2]や**ピア・サポート**など、仲間で支えあう形を展開しています。

当事者は、その課題について体験的に一番良く知っているし、力をもっています。一人で抱え込まずに、仲間とシェアしあうことで、より力を増していきます。自助グループは今後もますます発展していくでしょう。

●参考書
ＡＡ日本出版局訳編（２００５）『アルコホーリクス・アノニマス――無名のアルコホーリクたち』ＮＰＯ法人ＡＡ日本ゼネラルサービス
岡知史（１９９９）『セルフヘルプグループ』星和書店

10　グループセラピー（集団心理療法）

集団の力を活かす

グループセラピーとは

私たちは、ときにロビンソンクルーソーのように孤島で一人の力で生活することを夢想することはあっても、現実的には何らかの集団において人とかかわりながら生活しています。私たちは集団からさまざまに影響を受け、また同時に私たちが集団に影響を与えながら生活しているといっていいでしょう。そうした社会的存在である人間の変容を、集団状況において実現していく、すなわち集団において他者とかかわる体験を通して自己理解を深めたり、行動変容を進めることを目的に行われる心理療法を、広い意味で**グループセラピー（集団療法）**といいます。

集団療法は、１９０７年アメリカのＪ・Ｈ・プラットが結核患者の集団に、情緒的な問題の重要性について講義をし、その後集団でディスカッションをするという活動を始めたことが最初とされています。その後、教育的、指導的グループを中心に展開されてきましたが、１９４０年代以降、Ｔ・Ｌ・バーロウ、Ｊ・Ｌ・モレノ、Ｓ・スラブソンらが独自な理論と実践を展開して、新たな局面が開かれました。特に、モレノは、心理劇（サイコドラマ）という即興的なドラマを使う方法を創始し、発展させました。また、Ｋ・レヴィンらの**グループダイナミックス**研究[1]が、集団療法に影響を与えた側面も見逃してはならないでしょう。そして現在では、さまざまな立場が独自な技法を発展させて、グループセラピーは発展して

1　グループダイナミックスは、集団力学ともいわれます。１９２０～30年にアメリカにおいてクルト・レヴィンを中心に発展しました。レヴィンは集団を心理学的な力の場であるとし、集団に生起する事象を集団の構造との関係でとらえようとする〈場の理論 field theory〉を提唱しました。集団と個人の関係の研究として、主に社会心理学の領域で発展しています。

います。

グループセラピーの種類

広義のグループセラピーの中には、言葉による相互作用を中心にしたもの（**集団心理療法**）やある目的（たとえば、症状の理解や生活の改善）のもと、講義形式を取り入れるもの（**心理教育プログラム**）、アクションや役割行為を生かして問題解決や、参加者の行為の可能性を広げていくもの（**心理劇**、**ロールプレイ**など）や、表現活動を集団状況で行うもの（**芸術療法**）、集団による活動を中心にしたもの（**集団作業療法**、**レクリエーション療法**等）など、多様な活動形態があります。

グループの治療的効果

ここでは言葉を中心とした相互関係を生かしたグループセラピーのもつ効果について述べていきます。

グループセラピーは、参加する個人にどのような意味をもつのでしょう。個人セラピー（カウンセリング）が、セラピスト（カウンセラー）とクライエントとの一対一の関係において進んでいくのに対して、グループでは、参加しているメンバー間の、またメンバーとセラピストとの複雑な相互作用が生まれます。そして、それがグループセラピーの有効性につながっているともいえるのです。

①グループに受け入れられたという体験

家族や学校、会社などの集団で、自分が理解されず、拒絶されていると感じ、傷ついてきた人々は、グループ参加を提示されたとき、また傷つくのではと躊躇することが多いといえます。それでも勇気をもって踏み出し、参加してみると、そこは他者がいても、他者から傷つけられることはない安全な場所であることを知り、安心を手に入れます。自分という存在が、グループにいることを受け入れられる体験が得られることがまず大きな意味をもつことになります。

②自分一人が悩んでいるのではないという体験

参加者は、日常生活で問題を抱え、生きにくさを感じています。「私だけの悩み」の中で、苦しんできました。しかし、グループに参加してみると、「自分だけが悩んでいるのではない」ことに気づかされます。そして、自分と同じような問題に悩む人たちの話を聞いているうちに、自分の問題が相対化され、問題に巻き込まれ、問題と一体化した状況から、一歩離れてみるチャンスとなります。

③語ることによって楽になる体験

「私だけの悩み」の中で、問題を一人で抱えてきた参加者は、語ることによって重荷を下ろすことができます。話を聞いている人のいる中で、自分のことを語るという体験は、人前で話せる自分に対する自信にもつながります。

④他者の変化を見て、自分もという先が見える

参加者はさまざまなレベルで問題を解決していこうとしています。そして、他の参加者が変化していくのを目前にして、それまでとらえられなかった自分の先の像が見えてきます。

⑤新しい参加者の状況を見て、自分の変化に気づく体験

逆に、以前から参加している参加者にとって、新しい参加者の語りの中に、かつての自己を見る思いがします。それは、自分の変化に気づくことです。

⑥他者の発言や行動から、自分の問題について考える体験

グループの中での他者の発言や行動は、自分の問題を映し出す鏡のように感じられ、自分に気づかせられることになります。他者の発言を聴きながら自分を省みることにつながるのです。

⑦情報や具体的な示唆を得ることができる体験

他の参加者の発言やセラピストの発言から、情報を得たり、具体的にどうしたらいいかの示唆を得ることができます。

⑧お互いに尊重しあう人間関係体験

グループでは、他者から傷つけられない、他者を傷つけない関係の仕方を指向します。そして、自分の発言が他者の役に立ったり、また、他者の発言が自分の役に立ったりという相互的な人間関係が展開し、そうした相互に楽でいられる人間関係から多くを学ぶことができます。

もちろん、グループセラピーの場は、パラダイスではありませんから、ときには、個人的に辛かったり、きつかったりする体験も生まれることがあります。そのようなときには、フォローアップとして、個別的なカウンセリングの場も必要になります。しかし、共に問題を抱えている者で構成される場のもつ力は大きいものです。

行為を生かしたグループセラピー

芸術療法、作業療法、レクリエーション療法、心理劇などは、言葉だけでなく〝行為〟を生かしたグループセラピーといえるでしょう。**芸術療法**は、絵を描いたり、歌を歌ったり、楽器を演奏したり、ダンスをしたりなど、さまざまな表現活動を集団状況で展開し、感想を話し合うなど体験を集団で共有することを通して、自己を表現し、人との交流を活性化していくものです。**作業療法**は、さまざまな課題活動、たとえば、「料理をつくる」という課題を集団で共有し、何をつくるか、材料は何がどのくらい必要か、予算はどうか、どこで買い物をするか、役割はどのように分担するか、時間配分はどうするか等々、ひとつの課題を遂行するために必要な手順を集団で担い、その過程で参加者一人ひとりの力を生かしていくことを通して生まれる集団と個の相互作用によって、参加者個々が力をつけていく方法といえます。

ここで**心理劇**（**サイコドラマ**）について述べましょう。

心理劇（サイコドラマ）は、精神科医モレノがウィーンで主宰した「自発性劇場」における即興劇のもつ治療効果の発見をもとに、その後移住したアメリカにおいて発展させていった集団心理療法です。集団状況にさまざまなドラマ（場面状況）を設定し、そこでふるまったり、観客として場面を見たりすることを通して新たな感じ方や考え方に気づいていく療法といえるでしょう。

心理劇の構成要素は５つの役割に見られます。①主演者：自分の解決したい問題の提示者、②監督：主演者による課題提起を受けて、主演者と協力して場面設定などを重ねて行い、課題解決への糸口を見出すのを助けます。③補助自我：補助自我は３つの役割をもっています。（ａ）主演者に即してかかわり、主演者の行為や感情表現を助ける役割、（ｂ）監督の方向性を感知して主演者にかかわり、可能性を広げたり、深めたりする役割、（ｃ）心理的・身体的に主演者の近くに位置し、振る舞いを通して主演者の状態を監督に伝える媒介者の役割。④観客：グループとして主演者を見守る役割や劇で行われていることを観て、感じ取りながら自らの体験と重ねて感じ・考えていきます。また主演者の求めに応じて補助自我的役割を演じることもあります。⑤舞台：心理劇を成立させる場。

心理劇は集団状況における参加者の自発性、創造性を重視し、今、ここで、新しくふるまってみることを通して、新たな視点を獲得していく方法です。

●参考書

近藤喬一・鈴木純一編（１９９９）『集団精神療法ハンドブック』金剛出版
土屋明美監修（２０１３）『グループ活動を始める時に』ななみ書房
高良聖（２０１３）『サイコドラマの技法――基礎・理論・実践』岩崎学術出版社
磯田雄二郎（２０１３）『サイコドラマの理論と実践――教育と訓練のために』誠信書房

11 スクールカウンセリングと教育相談

教育現場との協力関係

スクールカウンセリング

スクールカウンセラーという名称を聞いたことはありますか。若い方々なら、「ああ、私の中学にもいたなあ」と思い浮かべることができるでしょう。スクールカウンセラーは、学校という場で活動する心理援助職です。1995年（平成7年）に、当時の文部省が開始した「スクールカウンセラー活動調査委託事業」からスタートしました。これは、急増する不登校、深刻化するいじめの問題、頻発する学級崩壊など、学校教育の現場の多くの問題に対応するために、学校現場に臨床心理の援助職が参加し、教師という教育の専門家と協力して対処していこうという画期的な試みでした。当初は初めての試みであり、受け入れる学校側も、入っていくスクールカウンセラーの側も、何をどうしていくか試行錯誤の連続でしたが、徐々にそれぞれの学校に位置づき、現在では、全国のほとんどの公立中学校に配置されるまでになっています。また、自治体によっては、小学校や高等学校にも配置されるようになってきました。

それでは、スクールカウンセラーは学校でどのような仕事をしているのでしょうか。スクールカウンセラーの実際の活動は、現状では週1回、8時間、年間35週（非常勤）という限られた枠の中で行われており、スクールカウンセラーのできることにも自ずと限界があることになります。それでも児童生徒への直接的な支援活動や児童生徒の保護者など周囲の方々への支援活動、地域の教育委員会をはじめとして、医師や保健師、民生委員などとの連携活動、スクールカウンセリングや精神的な健康に関する広報・啓蒙活動、教師や保護者の支援力を高めるための研修活動など多様な働きをしています。具体的に述べていきましょう。

スクールカウンセラーの活動

① 児童生徒への直接的な支援活動

相談室にやってくる児童生徒への直接的なかかわりです。子どもはぶらりとその気もないような素振りでスクールカウンセラーの元を訪れたり、ときには、相談したいと明確な意思をもって訪ねてきたりといろいろです。スクールカウンセラーは、子どもの話を聞くことから始めます。「しばらく毎週話そうね」と個別のカウンセリングを継続することもあれば、何人かの子どもたちを集めて話し合う（グループカウンセリング）こともあります。また、相談室が、昼休みや放課後、子どもたちがなんとなく顔を出す、ほっとできる居場所として機能することもあります。この機能は、当初は甘やかしているといった批判を受けることもありましたが、徐々に、教室以外の、ほっとできる場所が学校に存在することの重要性が認識されるようになってきました。そうしたかかわりを通しながら、スクールカウンセラーは児童生徒一人ひとりの状況を理解していくことができます。

② 保護者など周囲の人々への支援活動

児童生徒の行動について周囲で困っている人がいます。それは、保護者であったり、教師であったりします。たとえば、子どもが不登校[1]になった保護者は、自分がどうかかわっ

---

1 「28 不登校」の項参照。

ていったらいいのかわからず、一人で抱え込み悩みを深めていきがちです。そんなとき、子どもの通う学校にいるスクールカウンセラーに話を聴いてもらうことは大きな支えとなります。保護者へのカウンセリングは、スクールカウンセラーの役割のひとつです。

また、クラスの中で指導に困難を感じる生徒がいたり、クラスの中に困った状況が生起したりして、先生一人の力ではうまく解決できないといったとき、先生とカウンセラーとで相談活動がもたれることもあります。こうした活動をコンサルテーションといいます。問題解決を目指して、教育の専門家である教師と、臨床心理の専門家であるカウンセラーという異なる視点をもったもの同士が話し合い、新たな視野が開かれていくことを目指すという活動です。

③ 地域との連携

一人の子どもは多くの地域の人々に支えられて生活しています。その子どもの問題を解決するために、地域の力を必要とする場合があります。たとえば、虐待の問題のある家庭の子どもをどう守っていくかといった場合、学校で、その子どもの話をスクールカウンセラーが聞いているだけでは問題は改善されにくいでしょう。スクールカウンセラーが話を聞いて初めて、虐待の問題が発見される場合もあります。そのようなとき、地域と連携が必要になるわけです。地域との連携は、ケース連絡会議といったオフィシャルな会議が設定され、そこでさまざまな角度から問題が検討され、会議の参加者が各領域での役割と援助の方向性を共通認識していくことによって協力関係が築かれ、支援が機能していきます。こうした会議のコーディネイトは、スクールカウンセラーではなく、学校長や副校長がしていきます。コーディネイトの役割がきちんと果たされることが地域の援助を活性化させるためには重要です。会議の構成メンバーは、事例によって異なりますが、児童相談所のケースワーカー、医師や、民生委員、保健所の保健師、子ども家庭支援センターのスタッフなどがかかわることが多いといえます。そこに、学校で子どもの話を聞いているスクールカウンセラーが参加することも重要ですが、スクールカウンセラーの勤務体制が週一回の非常勤であることから出席しにくいところが問題といえます。

また、連絡会議のようなオフィシャルな会議だけでなく、地域との日常的な接触を通して子どもたちの生活している地域の特徴を知り、さまざまな社会的資源を見出すこともスクールカウンセラーにとって大切な業務といえます。子どもの問題の地域的な背景を知ることは、子どもの問題をより広い視野で理解することとなり、同時に問題の解決に生かせる社会的資源を生かす手立ても見つけやすくなるのです。

④ 広報活動

子どもたちや保護者に、スクールカウンセラーがどのような仕事をしているか、どのように利用したらいいかを知らせる活動が広報活動です。また、同時に、心の健康に関する情報を伝えることも、予防活動として意味があります。カウンセラーたちは、ニュースを発行したり、掲示板に壁新聞を貼ったり、教室を訪れて話をしたりしながら、心の健康についてやスクールカウンセラーの仕事などについて知らせています。

⑤ 研修活動

臨床心理学は、特殊な病理の治療という狭い領域に限られたものではなく、人間が生活する中で生じる問題や人間の理解に関する研究や、人との関係の発展を図る技法の研究が大きな柱となっています。ですから臨床心理学の知見は、人間の健康な生活を発展させるために生かすことができるのです。スクールカウンセラーが講師の役割をとって、教師や保護者に向けてする研修活動も、子どもたちを理解し、問題が生じたときに支援する力を周囲の大人たちが獲得していくために重要な活動となっています。メンタルヘルスの予防的活動といえるでしょう。

教育相談

教育相談とは、教育現場において行われる相談に広く使われている概念です。たとえば、学校で行われる教師と生徒の間での学習相談や進路相談、また、教師と保護者とで行われる個別面談、教師と保護者と生徒の三者面談なども広い意味で教育相談に含まれます。小中学校の校務分掌の中に教育相談係の先生が位置づいていることも多いですが、近年は、そうした先生たちや養護教諭とスクールカウンセラーが連携して、学校内で浮かび上がってくる児童生徒の問題の解決にあたることも多くなっています。

狭義で特に臨床心理の領域で教育相談という場合には、学習や進路といった面にとどまらず、児童生徒の全体的な発達を支援する相談活動をさします。そして、相談の担当は臨床心理の専門家が担うことが多いといえますが、教育現場に長くかかわっていて退職した先生が加わることも多いといえます。相談の場として、教育委員会が教育相談所（室）を設置していることが多いのですが、自治体によってその設置状態はさまざまなのが現状です。

臨床心理の専門家は、保護者や先生との相談によって、子どもをめぐる問題状況の改善を図っていくだけでなく、子どもとのプレイセラピーなどを実施して、子どもが問題となっている現状を切り開いていく力を育てることを目指していきます。

最近では、教育相談室に来る相談者を待つだけでなく、教育相談員が、各学校に出向き、スクールカウンセラーも兼ねて活動を展開するという形も出てきました。教育相談室を拠点に、各学校とのネットワークを形成しようとするものといえるでしょう。しかし、専任の教育相談員は少数であり、多くの相談員たちは非常勤で、雇用が不安定など、活動の充実には多くの課題があるのが現状といえます。

●参考書

増田健太郎・石川悦子編（2013）「スクールカウンセリングを知る」『臨床心理学』第13巻第5号、金剛出版
高野清純・國分康孝・西君子編（1994）『学校教育相談　カウンセリング事典』教育出版

パート・3

問題の理解と援助のために

12　境界性パーソナリティ障害

生きづらさを抱える人々

パーソナリティ障害とは

はじめに**パーソナリティ障害**（人格障害）について理解していきましょう。パーソナリティとは、ある人が、周囲の状況をいかに認知し、自分自身をどうとらえ、どのような人間関係をもち、さまざまな状況でどうふるまうかといったことに関するその人の傾向ということができます。私たちは一人ひとり特有のパーソナリティをもっており、あるパーソナリティの傾向の、どこからパーソナリティの「障害」になるかを判断することは非常に難しいことです。現在の精神医学的診断基準で個々のパーソナリティ傾向がパーソナリティ障害と診断されるのは、パーソナリティの傾向に柔軟性がなく、不適応的で、持続的で、著しい機能障害（多様な場面でうまく機能しない、つまりトラブルが生じやすい）、または主観的苦痛が引き起こされている場合に限られています。

パーソナリティ障害とは、精神医学的な診断であり、心理臨床的な場面では、人間関係のもつれやトラブル、日常生活の中でのうまくいかなさ、生きづらさを抱える人として登場します。精神医学的治療と並行・協力して心理臨床活動が展開されることも多いのですが、精神医学的な診断からは相対的に独立して、その人との関係を発展させ、問題を探索していく役割が臨床心理を専門とする者には要請されています。その人（クライエント）の話をじっくり聴き、その人の描く世界を共感的に理解しながらも、生活の中で何が課題になっており、

1　「17　精神疾患」の項参照。

2　ＤＳＭ-Ｖでは、パーソナリティ障害群を４つに分けています。Ａ群パーソナリティ障害として、猜疑性パーソナリティ障害／妄想性パーソナリティ障害、シゾイド

何が変わっていったらいいかを把握し、一緒に考えていく姿勢が大切です。実際には、パーソナリティ障害特有の関係の結び方の特徴から、治療者（援助者）が、治療（援助）関係において巻き込まれたり、振り回されたり、といったことも経験されやすいともいえ、援助には難しさが伴いますが、地道に持続的にかかわりをもつことが大切です。

DSM-Ⅳの定義

DSM-Ⅳ[1]では、「人格障害とは、その人の属する文化から期待されるものから著しく偏り、広範でかつ柔軟性がなく、青年期または成人期早期に始まり、長期にわたり安定しており、苦痛または障害を引き起こす、内的体験及び行動の持続的様式」とされ、以下にあげる十一の人格障害があげられています[2]。

A群人格障害

① 妄想性人格障害（他人を悪意あるものと解釈するといった、不信と疑い深さの様式）
② 分裂病質人格障害（社会的関係からの遊離および感情表現の範囲の限定の様式）
③ 分裂病型人格障害（親密な関係で急に不快になること、認知的または知覚的歪曲、および行動の奇妙さの様式）

B群人格障害

④ 反社会性人格障害（他人の権利を無視しそれを侵害する様式）
⑤ 境界性人格障害（対人関係、自己像、感情の不安定、および著しい衝動性の様式）
⑥ 演技性人格障害（過度な情動性と人の注意を引こうとする様式）
⑦ 自己愛性人格障害（誇大性、賞賛されたいという欲求、および共感の欠如の様式）

パーソナリティ障害／スキゾイドパーソナリティ障害、統合失調型パーソナリティ障害

B群パーソナリティ障害として、反社会的パーソナリティ障害、境界性パーソナリティ障害、演技性パーソナリティ障害、自己愛性パーソナリティ障害

C群パーソナリティ障害として、回避性パーソナリティ障害、依存性パーソナリティ障害、強迫性パーソナリティ障害

他のパーソナリティ障害として、他の医学的疾患によるパーソナリティ変化、他の特定されるパーソナリティ障害、特定不能のパーソナリティ障害

3 境界性パーソナリティ障害は、対人関係、自己像、感情の不安定および著しい衝動性の広範な様式で、成人期早期までに始まり、種々の状況で明らかになります。以下のうち5つ（またはそれ以上）に該当することが診断の基準とされています。

（1）現実に、または想像の中で見捨てられることを避けようとするなりふり構わない努力（5）で

Ｃ群人格障害

⑧回避性人格障害（社会的制止、不全感、および否定的評価に対する過敏性の様式）

⑨依存性人格障害（世話をされたいという全般的で過剰な欲求のために、従属的でしがみつく行動をとる様式）

⑩強迫性人格障害（秩序、完全主義、および統制にとらわれている様式）

⑪特定不能の人格障害

境界性パーソナリティ障害とは

ここからは、**境界性パーソナリティ障害**に焦点を当ててみていきましょう。ＤＳＭ－Ⅳ－ＴＲでは、注のように**診断基準**[3]が示されています。また、**ＩＣＤ－10**[4]では、境界性パーソナリティ障害が情動不安定性パーソナリティ障害境界型として示されています。この診断基準では基本的な症状として、対人関係の障害、行動コントロールの障害、感情コントロールの障害の３つが示されています。

臨床心理学的援助

感情的に、また、人間関係的に非常に不安定であり、自傷行為や大量服薬などの自殺企図が見られたり、強い怒りが特定の人に向けられたり、衝動的な暴力が見られるなど、かかわりが難しいことがこの障害の特徴といえます。そして、周囲の人々が、感情的に強く巻き込まれ、疲れきってしまうという状況が見られます。しかし、たとえ、精神医学的に人格障害と診断されても、行動や訴えは、十人十色、それぞれです。したがって、臨床心理学的援助

取り上げられる自殺行為または自傷行為は含めないこと）

（２）理想化とこき下ろしとの両極端を揺れ動くことによって特徴づけられる、不安定で激しい対人関係様式

（３）同一性障害：著明で持続的な不安定な自己像または自己感

（４）自己を傷つける可能性のある衝動性で、少なくとも２つの領域にわたるもの（例：浪費、性行為、物質乱用、無謀な運転、むちゃ食い）

（５）自殺の行動、そぶり、脅しまたは自傷行為の繰り返し

（６）顕著な気分反応性による感情不安定性（例：通常は２～３時間持続し、２～３日以上持続することはまれな、エピソード的に起こる強い不快気分、イライラ、または不安）

（７）慢性的な空虚感

（８）不適切で激しい怒りまたは怒りの制御の困難（例：しばしばかんしゃくを起こす、いつも怒っている、取っ組み合いのけんかを繰り返す）

（９）一過性のストレス関連性の妄想様観念または重篤な解離性症状

は、人格障害の患者として受け止めるところから始まるのではなく、まず、生きづらさを感じているその人自身の訴えに耳を傾けるところから始まります。

また、その人の行動に困っている周囲の人々、特に家族も臨床心理学的援助の対象となります。周囲の人々がどんなに困っていても、医療の場所では患者本人が受診していないとなかなか援助は受けられません。精神科における家族の相談は本人の受診が前提になります。しかし、日常生活を共にしている家族は、自傷行為や暴力を目の当たりにし、攻撃性を向けられたり、不安定な感情に巻き込まれたりして疲れきっています。援助の対象であるのです。

周囲の人々、特に家族がその人の問題や行動をどのように理解し、どのような距離をとりながら、どのようにかかわっていくかを考えていくことは、結果的に本人をめぐる状況が変化していくことであり、本人にとっても役立つことなのです。しかし、家族にとって本人へのかかわり方を変えながら生活していくプロセスはかなりの困難を伴い、ときにはどうしていいかわからなくなったり、かかわりへの不安を強く感じるものでもあるので、そのプロセスを支え、家族を継続的に支援していく役割が必要です。こうしたところで臨床心理学的援助が有効なのです。

4　「17　精神疾患」の項参照。

●参考書

American Psychiatric Association／高橋三郎・大野裕・染矢俊幸訳（2002）『DSM-Ⅳ-TR　精神疾患の分類と診断の手引』医学書院

13　神経症

自分の行動を止めることができない

神経症は、心理的な要因による心の働きの障害といえます。心理的な要因といっても当事者は何が原因か、なぜそうなってしまうのかはわからず、突然不安でたまらなくなったり、怖くて外に出られなかったり、何度も繰り返して行動を確認しないではいられなかったり、気になることから離れられずに悩み続けたりといった困難の中で苦しい生活を送っています。当事者は、自分の行動がどこかおかしいと感じながらも、止めることができず、どうしていいかわからずに苦しんでいるのです。

歴史的には、精神分析の創始者であるフロイトが、神経症を治療の対象とし、そのメカニズムを**精神分析**の概念で力動的に解釈していったことが知られています。フロイト以降も神経症の治療研究を中心に精神分析は発展してきました。しかし、最近、精神医療の領域では、病気の原因によって診断するのではなく、その症状から診断をする傾向が主流となってきました。そしてＤＳＭ－Ⅳ－ＴＲ[1]では神経症という診断名は消え、代わって**不安障害**、**身体表現性障害**などの各項目に分けられて取り上げられています。しかし、精神科・神経科を受診したクライエントに神経症の診断名がつけられることはまだ多く、また医学用語ではないものの、マスコミの影響で一般化した育児ノイローゼや受験ノイローゼ（**ノイローゼ**はドイツ語で神経症の意味です）といった言葉は、私たちの生活に浸透している言葉でもあります。ですからここでは、旧来の神経症というのはどのような状態をさすのか、代表的な神経

1　American Psychiatric Association／高橋三郎・大野裕・染矢俊幸訳（２００２）『ＤＳＭ－Ⅳ－ＴＲ　精神疾患の分類と診断の手引』では、不安障害は非常に広範な障害として提示されています。主なものは、パニック障害、広場恐怖、特定の恐怖症、社会恐怖（社会不安障害）、強迫性障害、等です。また、身体表現性障害としては、身体化障害（歴史的には、ヒステリーまたはブリケ症候群と呼ばれていた）心気症等があげられています。

症を取り上げ、具体的にその症状を見ていくことからはじめます。

代表的な神経症とその症状

① 不安神経症

不安神経症は、理由もなく、発作のように不安におそわれる症状をいいます。パニック発作のように身体的に表現されることもあります。パニック発作とは、現実の危険は存在しないにもかかわらず、強い恐怖や不安に襲われ、動悸が強まったり、冷汗をかいたり、体が震えたり、息切れや息苦しさや喉が詰まる感じがしたり、胸が痛くなったり、吐き気を催したりといった症状に加え、死んでしまうのではないかといった強い恐怖に襲われたりする症状です。その基底には不安があると考えられています。

② 強迫神経症

強迫神経症は、何らかの観念にとらわれてしまっている状態（たとえば、この道の右側を通らないと悪いことが起きるという観念にとらわれて、どうしても右側を歩こうとするなど）や、ある行動を強迫的に繰り返す状態（たとえば、一日に何度も何度も手を洗う行動を繰り返し、皮膚が擦り切れるほど何度も洗わないと気がすまないなど）の行動に特徴が見られます。どちらも、自分では不合理だとわかっており、その観念や行動を打ち消そうと努力するのですが、努力すればするほど、ますますこだわりが強くなり、やめられずに不安が強くなります。

③ **恐怖症**

こだわりの対象が固定化されると**恐怖症**といわれます。不潔恐怖、対人恐怖、高所恐怖、閉所恐怖など、何らかの特定の状況に対し、強い不安感をもち、そうした状況を回避するため外出をしないなど日常生活に困難をきたしてくる状態といえます。

④ **ヒステリー**

ヒステリーの症状は、身体症状と精神症状とに分けられます。身体症状は、器質的病変がないにもかかわらず、立てなくなったり、歩けなくなったりといった脱力や麻痺が見られたり、声が出なくなったり（失声）、話せなくなる（失語）といった症状や、けいれん発作や、視野が狭まったり目が見えなくなったり、耳が聞こえなくなったりといった知覚障害が現れます。また、精神症状としては、朦朧状態や夢中遊行、選択的健忘などが見られます。

⑤ **心気症**

心気症は、自分の体の不調を過度に心配する状態をいい、体の些細な不調に強くとらわれ、重病の兆候ではないかと恐れ、その心配を他者に強く訴えることが特徴です。ドクターショッピング（次々と新しい病院にかかり、検査や診察を繰り返すこと）を続け、不調を訴え続ける神経症で、近年、増加がいわれています。

臨床心理学のアプローチ

神経症は、身体的な病変は見られず、心理的な要因からきているので、その治療としては、心理療法やカウンセリングが大きな役割を果たします。もちろん、近年、薬の開発が進み、薬物療法による改善にも著しいものがあります。また状態によっては日常生活を続けることが難しく病院での入院治療の必要な場合もあります。しかし同時に心理的な要因や環境的な要因の変容に向けての働きかけを欠くことはできません。

神経症への臨床心理学的アプローチには、大きく分けて３つあります。ひとつは、なぜそのような症状が現れたのかを理解するために、過去の体験のもつ意味を探索し洞察を得ることを通して症状の軽減を図っていくというもので、代表的なのが**精神分析的アプローチ**[2]といえるでしょう。もうひとつは、症状の形成を誤った行動の学習ととらえ、新たな行動を学習していくことによって現在の行動の仕方を変えていくという方向で、**認知行動療法**[3]の立場がこれにあたります。３つ目は、症状の形成は、家族関係・人間関係のダイナミズムの中で成立してくると考え、家族関係・人間関係の変容を図ることを重視する立場で、**家族療法**[4]と呼ばれるものがこれにあたります。

2　「3　カウンセリングと心理療法」の項参照。

3　「3　カウンセリングと心理療法」の項参照。

4　「8　家族療法」の項参照。

●参考書

アルバート・エリス／国分久子訳（１９８４）『神経症者とつきあうには――家庭・学校・職場における論理療法』川島書店

American Psychiatric Association／高橋三郎・大野裕・染矢俊幸訳（２００２）『ＤＳＭ－Ⅳ－ＴＲ精神疾患の分類と診断の手引』医学書院

14　PTSD（外傷後ストレス障害）

コントロールできない衝撃

トラウマとは

最近、何か嫌な体験をした後「トラウマになっちゃう」と日常的に、気軽に「トラウマ」という言葉を口にするようになりました。特に１９９５年の阪神淡路大震災後は、トラウマやＰＴＳＤという用語が人々の関心を呼んでいます。**トラウマ**とは、「心の傷」「心的外傷」と訳され、個人の力では予測することも、コントロールすることもできないほどの衝撃的な出来事を経験したことによって、心の働きに変調をきたす事態が生じることをいいます。衝撃的な出来事とは、その出来事が客観的に大きいか否かではなく、体験した人の主観的体験としての衝撃性が意味をもつことはいうまでもないでしょう。衝撃的な経験の後に、その人にさまざまな精神的、身体的問題を生じてくることをいうのですが、精神医学的には、その問題の生じる時期によって、**ＡＳＤ（急性ストレス障害）**と**ＰＴＳＤ（外傷後ストレス障害）**に分けられています。また、衝撃的経験が1回限りであるもの（たとえば、交通事故や、天災、犯罪被害、レイプなど）で生じる障害を「単純性ＰＴＳＤ」、長期にわたって繰り返されるもの（たとえば、児童虐待やＤＶなど）で生じる障害を「複雑性ＰＴＳＤ」ということもあります。

ＡＳＤ――急性ストレス障害

ＡＳＤは、衝撃的な出来事を体験した後、急性かつ一過的に生じる変調をいいます。ＤＳＭ－Ⅳの診断基準では、不調が出てくるのが、出来事から1ヶ月以内で、継続期間も1ヶ月以内であるとされています。耐えがたい衝撃的な出来事から自分の心を守るという防衛反応ということができますが、1ヶ月以上も継続して不調が続いていくとＰＴＳＤととらえられます。

症状としては以下のようなものが見られます。①感覚・感情の麻痺：一見冷静にトラウマティックな経験を淡々と語るというように、恐怖や、怒り、悲しみなどの感情が麻痺していることが多いといえます。また、痛みが感じられないなど感覚の麻痺も見られます。②自分の周囲に対する注意の減退：ぼんやりと過ごしているなどが見られます。③現実感の消失：起こっていることが実際に自分に起きたことではないような感覚でいる姿が見られます。④離人体験：自分の体が自分のものでないような、自分が自分から離れ、外側から自分を見ているような感覚が生起します。⑤解離性健忘：体験したことを思い出すことができず、記憶が断片的でまとまりのないものになったりします。⑥再体験と回避。⑦強い不安または過覚醒（⑥と⑦は次項で説明します）。

犯罪被害にあった人や、その周囲の人が、何事も感じないように冷静にインタビューを受けていたりするシーンがマスコミで報じられることが見られますが、これもＡＳＤととらえることができるでしょう。

ＰＴＳＤ――外傷後ストレス障害

理不尽な衝撃的な出来事の体験、特に生命や基本的な安全感を脅かされるような出来事の体験の後現れる心理的不調について、ＰＴＳＤという診断名が採用されたのはＤＳＭ－Ⅲ（１９８０年）からです。ここではＰＴＳＤの主要な症状である、過覚醒、再体験・侵入、回避・麻痺についてみていきましょう。

① 過覚醒

外傷体験後、人の自己保存システムは持続的な警戒態勢に入るといわれています。事件がまた起きるのではないかと常に警戒し、ちょっとした物音や、ちょっとした人の行動に、びくっとして身をすくませたり、他者の小さな反応に苛立ちを覚えたり、心臓がどきどきしたりします。

緊張状態の持続のため、物事に集中できなかったり、なかなか寝付かれなかったり、眠りが浅くて、しばしば目が覚めたり、悪夢を見たりといった睡眠障害も起きてきます。

② 再体験・侵入

思い出したくもないといった自分自身の意思に反して、外傷性の記憶が勝手にその人の意識に侵入しトラウマ体験が繰り返し再体験される症状です。そのときのシーンに視覚的に襲われるだけでなく、そのときの感情や痛み、音、匂いといった感覚も生々しく再現されることもあります。今、まさに体験しているといった感覚に苛まれるのです。覚醒時にフラッシュバックとして現れることもあり、睡眠中に外傷性悪夢として現れることもあります。出来事が終わっているにもかかわらず、繰り返し繰り返し、衝撃的な出来事に曝され、苦痛を再体験しているということです。ここには、言葉にならない、前後関係も明確ではないが、生々しい感覚とイメージの形で刻みつけられた、外傷性記憶が影響しています。

③ 回避・麻痺

これは、トラウマと関連した刺激を回避することをいいます。犯罪の被害にあった人が、事件を想起する道を避けたり、事件現場の方向には行かれなくなるといった行動がこれにあたります。徐々に恐怖の対象が広がり、外に出られなくなるといったことも見られ、また、再体験を回避する対処行動として、飲酒や過食や薬物摂取といった行動を繰り返して習慣化していくなども見られます。

再体験を回避し自分を守るために、感情を麻痺させてしまうという症状も見られます。どんなことが起きても「何も感じない」ように感情を遮断し適応しようとするのです。その結果、何に対しても関心がなくなり、今を楽しむことも、未来に期待をもつこともできず、感情が鈍麻していくのです。

再体験・侵入と回避は対照的な症状ですが、一人の中でせめぎあいながら繰り返し現れる苦しい体験といえます。

複雑性ＰＴＳＤ

ＰＴＳＤの研究者、ジュディス・ハーマンは、児童虐待の被害者に、解離、自傷・自殺傾向、身体化、性機能障害、対人関係障害、慢性の抑うつなど多様な症状を見出し、これらの症候群を**複雑性ＰＴＳＤ**と呼びました。これは、長期にわたって反復される外傷体験の深刻な影響を指摘したものです。長期にわたって反復される外傷体験とはどのようなものでしょう。それは、虐待的環境に育つ子どもたちの体験であり、また、長期にわたって、夫の暴力が繰り返される妻たちの体験もそうです。予測不能な暴力の恐怖と、誰も助けてくれないといった孤立無援感を感じながら繰り返されるトラウマティックな出来事の中で、被害者たちは、さまざまな適応システムを駆使しながら必死に生き延び、生活していきます。そうした暴力的な環境で生き延びるために身につけた行動が、結果的には社会的な場面で不適応行動としてとらえられることも多く、被害者たちはさらに苦しむのです。

被害者への援助に向けて

「もう過ぎたことなのだから忘れなさい。」こうした言葉は、心的外傷に苦しむ人々の助けになるどころか、さらに外界から拒絶され、傷つけられる体験になります。白川[1]は当事者グループからの聞き取りを通して、「援助者へどうしても伝えたいこと」として、「言葉をさえぎらないで最後まで聞いてほしい」「体験を否定しないでほしい」「自分の立場に立ってほしい」の３つをあげています。そして「本来、人の傷つきというのは、周囲の人の温かい支えや配慮によって癒されていく可能性を秘めるものである」と述べ、心理的ケアの原則として、①安全な中での再体験、②セルフコントロール（自己統制感）の回復、③セルフエスティーム（自己尊重感）の回復の３点をあげています。

二次受傷・代理受傷

ここで、援助者が受ける外傷体験について少し述べていきましょう。被害者が、安全な関係の中で、自己が体験してきたことを語り、それを徐々に整理して、過去の物語として収め

1　白川美也子（２００６）『トラウマを乗りこえるためのセルフヘルプ・ガイド』河出書房新社

ていくプロセスが回復にとって重要です。しかし、その体験を共感的に聞き続ける援助者は、話を聞くプロセスで、自身も深く傷ついてしまうことがあります。これを**二次受傷・代理受傷**といいます。そうしたことを防ぐためには、信頼できるスーパーバイザーや仲間・同僚との支えあう関係が援助者に必要です。援助する中での自己の体験や感情を、抱え込むのではなく、安全な関係において開放していくことを通して精神的な健康を維持していく必要が援助者にもあるといえます。

●参考書
ジュディス・ハーマン／中井久夫訳（１９９９）『心的外傷と回復』みすず書房
金吉晴・加藤寛・広幡小百合・小西聖子・飛鳥井望（２００４）『ＰＴＳＤ（心的外傷後ストレス障害）』星和書店
白川美也子（２００６）『トラウマを乗りこえるためのセルフヘルプ・ガイド』河出書房新社
ジュディス・コーエン、アンソニー・マナリノ、エスター・デブリンジャー／白川美也子・菱川愛・冨永良喜訳（２０１４）『子どものトラウマと悲嘆の治療――トラウマ・フォーカスト認知行動療法マニュアル』金剛出版

15　解離性障害

意識や感覚を切り離す防衛

解離という現象

はじめに**解離**[1]という現象について考えていきましょう。解離というのは意識が現在の状況から離れてしまうことで、つらい体験、たとえば、慢性的に暴力を受けている人が、暴力をふるわれる瞬間、意識を切り離し、誰か別の人が暴力を受けているかのように感じたり、意識が身体を離れて、部屋の上の方から暴力を受けている自分を見ているかのように感じることで、苦痛に耐えたり、恐怖から逃れるための防衛現象をいいます。このように解離という現象は、そのままでは苦痛や悲しみや恐怖に耐えられない状況において、意識や感覚を切り離すことで自分を守っていく適応機制ということができます。

こうした体験が繰り返し生じているとしたらどうでしょう。虐待やDVの被害者たちの中には、こうした体験を日常的に繰り返さざるをえない方たちがいます。

50代後半の女性の事例から解離という現象をとらえていきましょう。

Aさんの事例

Aさんは、結婚して三十数年たち、子どももそれぞれ自立し、夫婦二人で生活していました。Aさんは、「なんだか体に不調を覚えるし、倦怠感が強くて。医者を何箇所か訪ね、薬も飲んでみたが、改善されず、カウンセリングしかないと思って……」と来談なさいました。しかし、

1　「20　虐待の影響」の項も参照。

Aさんの話にはまとまりがなく、何を求めていらっしゃるのか、つかみにくい状態でした。あるとき、「昨晩は、ぜんぜん眠れませんでした」とおっしゃるので、何かあったのか伺ってみると、「布団の上に鏡の割れたのがいっぱいになってしまって、それを取り除くのに一晩かかってしまった」というのです。カウンセラーの何が起きたのかの質問には、「さあ、わかりません。とにかく鏡の破片は危ないですから、取り除かなくてはと、大変でした」と、鏡が割れた状況には関心を示さず、その後始末の大変さを語るのです。鏡はどうして割れたのかについては「わからない」を繰り返すばかりです。

Aさんは、夫と二人暮らしですから、鏡が割れるというのには、夫かAさんがかかわっていたはずです。ここで、カウンセラーは、解離に気づきました。Aさんは、繰り返される夫の暴力から自分を守るために、解離という適応機制を使っているのです。

DSM-Ⅳにおける解離性障害の特徴

ここでのテーマである**解離性障害**については、DSM-Ⅳでは、以下のように5つに分けて述べられています。

① **解離性健忘**：重要な個人情報、通常は、外傷的またはストレスの強い性質をもつ情報の想起が不可能であり、それがあまりにも広範囲にわたるため通常の物忘れでは説明できないことを特徴とする。

②**解離性遁走**：家庭あるいは普段の職場から突然、予期せぬ放浪に出ることが特徴で、同時に、過去を想起できなかったり、個人の同一性が混乱していたり、新しい同一性をまとっていたりする。

③**解離性同一性障害**：（以前は多重人格と呼ばれていたもの）２つまたはそれ以上の、はっきりと他と区別できる同一性あるいは人格状態が存在しており、それらが繰り返しその人の行動を制御し、通常の物忘れでは説明できないような重要な個人情報の想起不能を伴っていることを特徴とする。この障害は別々の人格が増殖するというより、むしろ同一性が分化するということが特徴である。

④**離人症性障害**：自分の精神過程あるいは身体から遊離しているという持続的あるいは反復的な感覚と、それに伴う正常に保持された現実検討を特徴とする。

⑤**特定不能の解離性障害**：解離性症状が優勢な特徴ではあるが、特定の解離障害の基準を満たしてはいない障害。

解離という適応機制から脱するためには、まずそうした危険な状況から離れ、安全な環境に身を置くことが必要です。しかし安全な状況に移ってもなお解離を起こすことはしばしばあることで、カウンセリング等を利用して時間をかけて回復していくことが必要です。

子どもに見られる解離

解離という適応機制は、大人だけでなく、子どもにも見られます。DV・虐待の被害を受けて、母子生活支援施設で生活し始めたA子ちゃんは、施設のプレイルームのカーテンをぐちゃぐちゃと舐めていました。指導員はそれを注意したのですが、注意したときは「うん」と頷いたにもかかわらず、しばらくするとまたやっています。再度注意するとそのときも「うん」と頷いたのですが、その後も行動は変わりませんでした。指導員は、「注意を守らない子」ととらえて指導をきつくするようになりました。しかし、A子ちゃんは、虐待のきつい経験から逃れるために、解離という機制を用いてきたと考えられます。それが安全な生活の中にも発現し、大人と一対一の関係になると、ふっと解離を起こすのです。このことに気づいた指導員は、その後かかわりを変えていったことはいうまでもありません。その他にも、性的虐待を受けた子どもが、授業中、ボーっとしていることが多くなり先生から否定的に評価されるケースなどもあり、解離は子どもにも見られることを理解する必要があります。

●参考書

F・W・パトナム／中井久夫訳（2001）『解離――若年期における病理と治療』みすず書房

16 心身症（ストレス関連疾患）

心と体の強い関係

毎日神経をすり減らし、忙しく働いていた仕事人間が、体調を崩し、病院に行ったら「胃潰瘍」の診断を受けたなどということはよく聞く話です。このように、環境と、心と身体の相関が強く疑われる疾患を**心身症（ストレス関連疾患）**といいます。日本心身医学会では「心身症とは、身体疾患の中で、その発症や経過に心理社会的因子が密接に関与し、器質的ないし機能的障害が認められる病態をいう」と定義しています。

心身症とされる病気にどのようなものがあるか見てみましょう[1]。私たちが知っているかなりの病名がそこにあることに驚かれることでしょう。

ストレス

心理社会的因子が密接にかかわっている心身症を考えるとき、**ストレス**の視点は重要です。ストレスという言葉を初めて学術用語として使ったのは、カナダのハンス・セリエといわれています。彼は、外界からのさまざまな有害刺激（**ストレッサー**）に対して、生体内に適応性の反応が発生している状態をストレスといいました。この状態が進んでいく（警告反応期→抵抗期→疲憊期《ひはいき》）と、病状は重症になり、死に至ることもあるとされています。つまり私たちの体は、有害な刺激を受けると防衛のメカニズムとして、そしてそれは適応のメカニズムでもあるのですが、ストレス反応を示すということです。

1　ストレス関連疾患（心身症）
日本心身医学会教育研修委員会編（1991）『心身医学の新しい診療指針』より

部位	主な症状
呼吸器系	気管支喘息、過喚起症候群
循環器系	本態性高血圧症、冠動脈疾患（狭心症、心筋梗塞）
消化器系	胃・十二指腸潰瘍、過敏性腸症候群、潰瘍性大腸炎、心因性嘔吐
内分泌・代謝系	単純性肥満症、糖尿病
神経・筋肉系	筋収縮性頭痛、痙性斜頸、書痙
皮膚科領域	慢性蕁麻疹、アトピー性皮膚炎、円形脱毛症
整形外科領域	慢性関節リウマチ、腰痛症
泌尿・生殖器系	夜尿症、心因性インポテンス
眼科領域	眼精疲労、本態性眼瞼痙攣
耳鼻咽喉科領域	メニエール病
歯科・口腔外科領域	顎関節症

一般に、ストレスとストレッサーが混同されやすいのですが、ストレスは、生体内部の生理学的な反応であり、ストレッサーは有害な刺激をさします。

それではどのような要因がストレスを高めるのでしょうか。

①「人生の出来事」型ストレス

アメリカの心理学者ホームズとレイは適応するために変化を要求されるような人生の出来事と、病気の発症の時期とが有意に関係していることを明らかにしました。私たちが避けて通れない人生のさまざまな出来事が、ストレスを生み、心身症を発症することがあるのだということです。

②「日常生活の厄介事」型ストレス

また、アメリカの心理学者Ｒ・ラザルスは、「人生の出来事」型アプローチを補うものとして「日常生活の厄介事」がストレスを生み、心身症発症に関係すると提唱し、日常生活の厄介事１１７項目のリストからなる尺度を作りました。それにはたとえば、「ものを紛失する」「厄介な隣人」「自分勝手なタバコのみ」「将来についてのクヨクヨ」「住宅資金の不足」などの日常生活での厄介事があげられています。

人生の出来事も、日常生活の厄介事も、統計的に明らかにされたストレス要因と考えることができるでしょう。臨床心理学的には、こうしたストレス要因の有無だけでなく、ストレス要因となりうる体験が当事者にとってどういう意味をもつかを丁寧に検討していくことが必要でしょう。

タイプＡ行動型とレジリエンス

心身症になりやすい人っているのでしょうか。

外側からは同じようなストレス要因を抱えながら、心身症を発症する人としない人がいることは不思議なことですね。そうした個人の側の要因として性格傾向や行動パターンに着目した研究が進み、**タイプＡ**行動パターンという概念が提起されています。これは、アメリカのＭ・フリードマンとＲ・Ｈ・ローゼンマンが虚血性心疾患のリスクファクターとして１９５９年に初めて指摘したものです。この行動パターンは、①自分が定めた目標を達成しようとする持続的な強い欲求、②競争を好み追求する傾向、③永続的な功名心、④時間に追われながらの多方面にわたる活動、⑤身体的精神的活動速度を常に速めようとする習癖、⑥身体的精神的な著しい過敏症、などを特徴とするといわれています。タイプＡは当初、医者・患者関係において医者が観察しうる行動特性としてとらえられていたのですが、その後、患者の内面の情動との関連でとらえる方向に変化し、抑圧された敵意や怒りとの関連が指摘されるようになってきました。

一方、最近では、ストレスフルな状況にもかかわらず、うまく適応していく能力として**レジリエンス**という概念が注目されています。これは、ストレスへの対処の仕方を個人の行動パターンや性格傾向という固定的な見方で見るのではなく、本来個々に備わっている適応力・回復力（レジリエンス）を想定し、そうした能力は支援という他者との関係において力動的に開発されうるというとらえ方をしていきます。

医学と臨床心理学のコラボレーション

心身症は身体疾患ですから、その治療には身体医学を欠くことができません。症状を治療する投薬や、外科的処置が必要とされます。しかし、症状の形成過程に心理・社会的因子が色濃くかかわっているのですから、体だけを治療するのでは十分でないことも明らかです。その人のパーソナリティ、その人を取り巻く家族関係や人間関係、仕事や生活環境を考慮し、そこにどのようなストレス要因が考えられるかを把握し、生活しやすい状況に変えていく努力も必要です。つまり、臨床心理学的援助が必要とされる、医学と臨床心理学のコラボレーション（協働）する領域といえます。医学の領域では、コンサルテーション・リエゾン精神医学という領域が成立してきており、総合病院で、精神科医が精神科以外の一般診療科の患者に対して、診断的・治療的にかかわることが増えてきています。またこの領域で、医者とチームを組んで働く臨床心理の専門家も少しずつ増えていますが、医療制度の中に位置づいているとはいえず、課題も多いのが現実です。

臨床心理学の領域であるカウンセリングの場でも、心身症を抱えたクライエントからの相談は数多く見られます。

――過敏性大腸炎を抱えたKさんの事例――

Kさんは、大学院生ですが、人間関係がうまくいかず、仲間とうまくかかわろうと頑張っても孤立してしまうことを主訴に来談しました。小学校のころから過敏性大腸炎で通院しており、現在も体調がすっきりしないことも話されました。小学生のころ、下痢がひどく、授業中トイレに間に合わないことがあり、それをみんなに笑われたり、いじめられたりしたエピソードも話されました。カウンセリングを進めていくうちに、家族関係にある緊張が浮かび上がってきました。Ｋさんの父親は、いつも無口で不機嫌そうでしたが、酒を飲んで帰ってくると、大声でしつこくしゃべり、一人っ子のＫさんにいろいろ説教をします。母親も無口で、いつも父親の顔色を窺い、パートで忙しくしていました。家でＫさんは一人で過ごすことが多く、することがないから勉強していて、良い成績をとっていれば父親の機嫌が良く、父親の説教も少なくてすむと思っていました。しかし２階の自分の部屋で机に向かっていても、父親の帰宅の気配を感じると体に緊張が走ったそうです。

Ｋさんとのカウンセリングでは心身症の問題に焦点化するのではなく、「現在の生きづらさは、両親との関係に起因する」と自認する**アダルトチルドレン**の問題としてカウンセリングを継続しました。アダルトチルドレン（ＡＣ）はアメリカのアルコール依存症の家族を支援するコ・メディカルの中から生まれてきた概念で、機能不全を起こしているアルコール依存家族の中で育ち、生きづらさを抱える人々をさします。後に、アルコール依存家族だけではなく、機能不全を起こしている多様な家族の中で育つことへと広がりを見せました。ＡＣは、決して診断名ではなく、「自分の生きづらさが、家族関係に起因するという自覚」すなわち、自己認知としての概念です。

Ｋさんは、カウンセリングだけでなく、自助グループに参加するなどを経て、社会人として働き始めました。カウンセリングの場で自己を振り返り、カウンセラーという他者との関係性に支えられながら、日常生活に生き生きとした変化を作り出すKさんの主体的な生き方が展開されていくにつれ、心身症の症状も軽減されていったのです。

●参考書

成田善弘（1993）『心身症』講談社現代新書
スティーヴン・ウォーリン＆シビル・ウォーリン／奥野光・小森康永訳（2002）『サバイバーと心の回復力――逆境を乗り越えるための七つのリジリアンス』金剛出版
日本心身医学会教育研修委員会編（1991）「心身医学の新しい診療指針」『心身医学』31(7), 537-573.
R・S・ラザルス／林峻一郎訳（1990）『ストレスとコーピング――ラザルス理論への招待』星和書店

17　精神疾患

臨床心理学からの支援

精神疾患は、古くから人々にとって制御のきかない逸脱行為として恐れられ、疎まれてきた歴史をもっています。制御のきかない逸脱行動の原因を「悪霊」によるものとし、その治療に「悪魔祓い」が行われてきたのも古くから、また広い地域に見られます。逸脱行動の原因が悪霊による支配とされているということは、その治療が祈祷師などの宗教者にゆだねられていたといえます。

近代医学の父とされるヒポクラテス（紀元前５世紀）はそうした考えを否定し、心の異常を身体的原因による病いとし、①躁病、②うつ病、③精神錯乱・脳炎の３つのカテゴリーに分けました。これは、初めて逸脱行動の治療が精神疾患として宗教者の手から医者の手へゆだねられたという意味で大きなことです。こうした考え方は、ギリシア、ローマ時代に受け入れられ、古代ヨーロッパ世界で中心的な考え方になりました。しかし、その後ギリシア・ローマ文明は衰退し、代わってキリスト教教会勢力の強い影響力の下、精神疾患の治療は、医者に代わって修道士たちの祈りを中心とした介護によるものとなっていきました。当然のことながら、そのような方法は効果が少なく、精神障害者たちは汚れた衣服をまとって徘徊し、ますます正常な判断力を失っていくことになったのです。

中世ヨーロッパでは、さまざまな社会不安が蔓延し、再び悪霊を恐れる思想が出現しました。人々は理解できない出来事を神を否定する魔女によるものと考え、魔女とみなされた人々を迫害していく魔女狩りにより、多くの命が奪われました。その魔女の中に精神障害者が含まれていたともいわれていますが、最近の調査では「精神病者が魔女とみなされていた」との見解は支持されなくなっています。

それでは、現代では何をもって精神疾患ととらえるかについて考えていきましょう。精神疾患とは何かという問いに対しては視点が多様に存在する大きな問題であって、すべてを充足できる操作的概念はないといっていいでしょう。ここでは簡単に精神医学が診断・治療の対象とする疾患としましょう。それでは何を基準に精神疾患と診断し治療していくのでしょうか。ここでDSMとICD－10について知っていきましょう。

DSM

DSMとは、アメリカ精神医学会による『精神疾患の診断・統計マニュアル（*Diagnostic and Statistical Manual of Mental Disorders*）』の略称であって、アメリカでの精神疾患の診断に関する公式な手引書です。DSM－Iが1952年に刊行されてから、DSM－II（1968年）、DSM－III（1980年）、DSM－III－R（1987年）、DSM－IV（1994年）、DSM－IV－TR（2000年）、DSM－V（2013年）と改訂が重ねられて現在に至っています。DSM以前の診断では、各国の間で診断の不一致が見られたことから、統計的にも意味のある明確な診断基準を作成しようと、1980年のDSM－IIIから操作的診断基準が採用されるようになりました。操作的診断基準とは「特定の状態が特定の期間に存在する」という具体的な基準をもととした診断基準です。したがって、精神疾患の原因論には言及せず、どのような症状がどのくらいの間、どの程度見られるかが基準となるという意味で、操作的といわれるのです。

ＩＣＤ－10

ＩＣＤとは、世界保健機関（ＷＨＯ）が、身体・精神疾患に関する世界共通の分類(International Classification of Diseases)を確立しようと改定を続けている分類基準で、そのⅤ章が「精神及び行動の障害」となっています。１９００年に開かれた第1回国際死因分類会議に端を発し、ほぼ10年ごとに改定を続け、現在使用されているＩＣＤ－10は１９９２年に出版され、20年は改訂をしないことになっています。

これらの診断基準の特徴は、ＤＳＭと同様、操作的診断基準であるといえます。一般に疾病の診断では、その原因を探求することが治療上大きな意味をもつことが多いのですが、ＤＳＭもＩＣＤも、精神疾患について、患者にどのような症状がどの程度見られるかを基準に診断がつけられます。因果関係よりも現象から診断していくということです。

臨床心理学の役割

さまざまな症状から精神疾患を診断し、治療していくのは医学の役割です。それでは、臨床心理学の知見はどのようにかかわっていくのでしょう。ひとつには、臨床心理学の領域で発展してきたさまざまな**心理検査**、たとえば、ロールシャッハテスト[1]やＴＡＴ[2]、知能テスト等々を実施して、精神医学的診断に生かしていくという方向があります。医療領域にかかわる心理臨床の専門家はこうした役割をとることが多いといえます。また、一方、精神医学が、症状に焦点を当て、その治療を進めることが多いのに対し、心理臨床家は、症状

1　ロールシャッハテストは投影法による性格テストの一つで、スイスの精神分析家のヘルマン・ロールシャッハによって開発されました。被験者がインクの染みを見て何をイメージするかを聞き取り、それを分析することを通して被験者の性格傾向をとらえようとするものです。

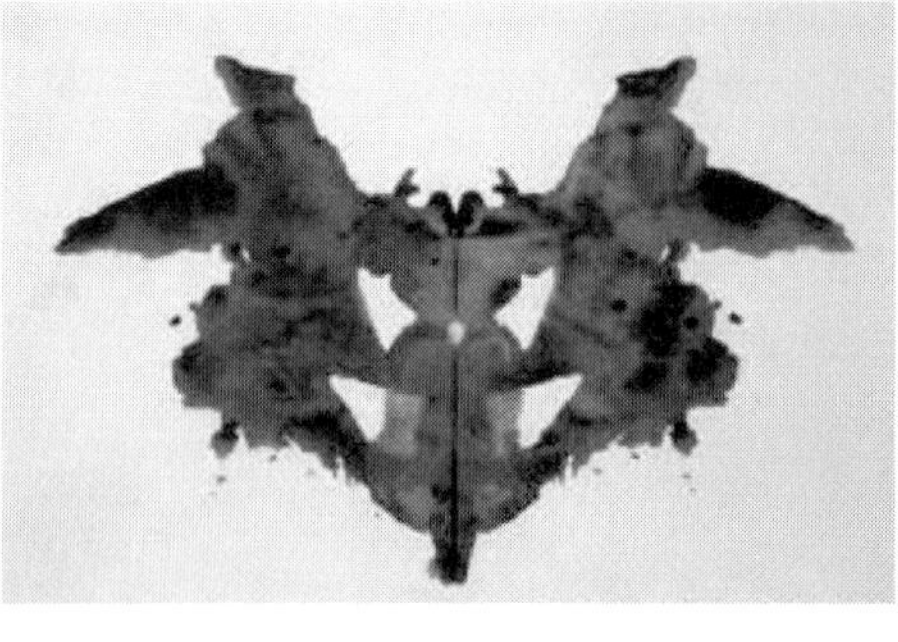

をもつ「人」に焦点を当てるといえます。これがもうひとつの方向です。精神疾患の診断を受けていても、その人は、症状を抱えながら生活しています。自分の症状をどうとらえるか、自分の感情や行動をどうとらえ、生活していくかは、その人にとって大きな課題です。心理臨床の専門家とその課題を共有し、症状を抱えながらも症状に規定され尽くされない生活を展開するために、臨床心理学の知見を生かしていくこと、そこに臨床心理学の役割があるのです。臨床心理学のそうした知見は、精神科の医師にも共有され、医師自身がカウンセリング的手法を用いたり、心理臨床の専門家とチームを組んで治療を進めていく体制を組んだりしています。

また、精神疾患を抱えた人に対して、長期入院という社会から隔絶した生活を強いていた時代が長く続きました。しかし現在では、なるべく社会とのつながりを維持し、社会参加しながら治療を進めるという方向が主流となっており、さまざまな形で社会生活を支える支援が求められています。そこにも、対人援助の学としての臨床心理学が生かされています。

2　ＴＡＴは投影法の性格テストの一つで、絵画統覚検査・主題統覚検査と呼ばれるものです。マーレーの欲求圧力（need-Press）理論に基づき、被験者に1枚の絵を見せてそこに描かれている人がどのような状況で何をしているか、何を思っているかを簡単なストーリーで語ってもらいます。そのストーリーから被験者のパーソナリティの特徴を明らかにしようとするものです。子ども版としてＣＡＴも開発されています。

●参考書

American Psychiatric Association／高橋三郎・大野裕・染矢俊幸訳（２００２）『ＤＳＭ－Ⅳ－ＴＲ精神疾患の分類と診断の手引』医学書院

American Psychiatric Association／染矢俊幸ほか訳（２０１４）『ＤＳＭ－５　精神疾患の分類と診断の手引』医学書院

Ｇ・Ｃ・デビソン、Ｊ・Ｍ・ニール、Ａ・Ｍ・クリング／下山晴彦編訳（２００７）『テキスト臨床心理学１』誠信書房

18 摂食障害（過食症・拒食症）

「食べる」ことの問題行動

本来、人が生きていくために欠くことができない「食べる」という行動に関して生じてくる障害があります。それが、**摂食障害**です。ここでは、**拒食症**（Anorexia nervosa）・**過食症**（Bulimia nervosa）・嘔吐や下剤乱用による**浄化行動**（purging）など、主に思春期・青年期の女性に多く見られる問題行動をどう理解し、臨床心理学としてどう対応していくかについて考えていきましょう。

拒食症から過食症へ

あなたはダイエットをしたいと思ったことがありますか。痩せていることを良しとする文化的状況がある現在、痩せたいと思うのはごく普通のことでしょう。でも、ダイエットを始めてみても、苦しくなってやめてしまったり、ちょっと効果があったように思うとリバウンドがきて、元に戻ってしまったりという挫折経験をした人は多いのではないでしょうか。それはある意味健康な反応といっていいでしょう。

ダイエットの基盤には、「いまの私では認められない」という自分に対する評価があります。もっと痩せて、きれいになって、みんなに認められたい。そのためには、自分の〝食べたい〟という欲望をコントロールしなければなりません。欲望をコントロールしていくうちに、自分をコントロールすること自体が快感となり、達成感を味わいます。そしていつのまにか、体重をコントロールすること自体が目的となり、周囲から見るとガリガリに痩せて見えるのに、体重のことと食べ物のことばかりを気にして、カロリー計算で頭の中はいっぱいになってくる、そうした状況に陥ってしまうと、拒食症と呼ばれる摂食障害です。拒食の段階にある方は、自分の状況を客観視することができず、周囲の心配をよそに、活動性が高く、高揚感を伴って、物事に積極的にかかわっていきます。拒食だけが長期に見られる方もいますが、人間がもつ飢餓に対する反応として、過食に転じる、あるいは、過食して嘔吐することで拒食と同じ効果を求めるといった形に変化することも多いといえます。

なぜ多く摂食障害が生じてくるかに関しては、現在、生物学的、心理学的、家族病理的、社会病理的立場から多元的に検討されています。病理の理解としては、①身体知覚の障害・身体像の歪み、②成熟嫌悪・成熟拒否、③飢えに対する防衛としての拒食、防衛の破綻としての過食、④女性としての成熟拒否、など多くがあげられていますが、定まってはいません。

ここでは摂食障害を**アディクション**[1]としてとらえ、治療的かかわりについて述べていきましょう。アディクションとしてとらえるとなぜそうなったかという原因の追求よりも、クライエントの生活状況にどのような悪循環や関係不全が成立しているかをとらえ、そうした状況から抜け出すにはどのような認知の変容や生活の工夫が必要かを考えやすくなります。そのプロセスで、過去に体験してきたさまざまなエピソードと現在の自分との関係性をとらえることも重要になるプロセスも生じてきますが、基本的には、今、ここで、状況をどう変えていくかを重視していくのです。

具体例から考えていきましょう。

1　「24　アディクション（嗜癖）・依存症」の項参照。

摂食障害ケースＡ子さんの例

Ａ子さんに「食べるということの問題」が初めて浮かび上がってきたのは、高校２年のとき。夫婦仲が悪く、いつも母親に苦労をかけている父親への嫌悪感から、Ａ子さんは食卓を家族と囲むという場面から撤退して、「食べない」１ヶ月を過ごしました。自分の欲望をコントロールできた達成感は、そのコントロール自体が快感となり、達成感を味わうという形に変化していきました。そしていつのまにか、体重をコントロールすることが自己目的化し始め、体重のコントロールだけを考えるようになりましたが、逆に頭の中は食べ物のことでいっぱいになり、カロリー計算ばかりするようになりました。そして、そうした状況、飢餓状態からの反動（飢餓反応）として過食状態へと移っていったのです。その後、気分が悪くなるまで食べないと気がすまなくなり、太り始めました。過食する自己は忌まわしい自己で、Ａ子さんの自己評価はどんどん低まっていきました。そんなとき、友人たちから、食べすぎたら吐けばいいというのを聞いて、「食べ吐き」が始まったのです。

父親のいる家から出たい一心で、東京の大学で寮生活を始めたのですが、そのころには、今日は何を食べるかが彼女にとっては最も重大な関心事となり、食べ吐きのことを誰にも感づかれないように、友人たちとの距離のとり方に心を砕いて毎日を送っていました。食べ物を買うのも大量に買うのを変に思われないかと、コンビニやスーパーをいろいろと変えたり、何度にも分けて買い物に行ったりと、「食べること・吐くこと」のための行動が生活の中心となっていったのです。

商社のＯＬになってからも、「食べ吐き」を気づかれないように、目立たず、きちんと仕事を進めていきました。そして「人並みに」恋人もでき、傍目には何の問題もない、素敵な女性

過食　→　嘔吐　→　ホッとする（一瞬の快感）
↑　↓
禁止と無力感の葛藤・自責（やるべきではない・どうしようもない）
強い自責（どうしてこんなことをするのか・やめたいのにできないダメな自分）
↑　↓
ホッとする（一瞬の快感）
就　寝
↑　↓←夜中の過食・嘔吐
食べ物の確保　←　摂食行動にとらわれながら生活　←　起　床

としてふるまっていました。「食べ吐き」をした後、自分がいやになって落ち込みながら、「こんなこと、たいしたことじゃない。私はやめようと思ったらいつだってやめられる。その気にならないだけ。摂食障害？　過食症？　そんなのは特殊な世界のことよ。私とは関係ない」と思うことにして、恋人にも、友人にも、大好きなお母さんにも、仲の良い妹にも秘密にしてきたのです。

そして十年。頑張ってきました。人に知られないよう気を配り、食べ、吐き続けることは、どんなにきつかったことでしょう。ＴＶの摂食障害に関する番組を見たA子さんは、「私は、過食症だ」と認めることができました。そして初めて、妹に話すことができたのです。そして、自分からカウンセリングを受けようと思い至ったのです。自分が過食症であることを認めたことは、回復への道のりの半分までできているといっていいでしょう。

過食嘔吐の悪循環

常に食べること・吐くことが頭から離れず、摂食行動にとらわれて生活している人は、下の図のような悪循環の中でもがいているといっていいでしょう。食べ吐きの後の一瞬の快感を得ることが必要なのです。しかし、その後、襲ってくる自責感・無力感にさいなまれます。このような悪循環から離れていくためにどうしたらいいかが課題です。生活に食べ吐き以外の充実感、特に安心できる人との充実した関係を築いていくことが糸口になります。

●参考書

伊藤順一郎（２００５）『家族で支える摂食障害――原因探しよりも回復の工夫を』保健同人社
鈴木眞理（２００８）『摂食障害（Primary care note）』日本医事新報社
ＮＡＢＡ（２０１３）「多様化する摂食障害からの回復と成長」http://naba1987.web.fc2.com/
後藤雅博（編）（２０００）『摂食障害の家族心理教育』金剛出版
Ｂ・マクファーランド／児島達美監訳（１９９９）『摂食障害の解決に向かって』金剛出版

19 児童虐待

必要な周囲の気づき

テレビや新聞で、子どもたちが、虐待によって重傷を負わされたり、ときには死に至るニュースが報じられるたびに、なぜそんなことが起きてしまったのか、何とかできなかったものかと心が痛みます。ここでは、児童虐待の問題について考えていきましょう。

虐待は、閉ざされた家庭という空間で起きています。それを周囲が「虐待ではないか」と気づくこと、疑うことで初めて「虐待」として浮かび上がってくるというところが虐待の特徴といえるでしょう。多くの場合、虐待を受けている子どもは口止めされたり、「お前のせい」と脅されたりしています。したがって、周囲の気づきが何より重要といえるのです。疑うという行為は、厳しさを伴います。「これは虐待だろうか」と疑ったとき、通告へとつなげようとするとき、私たちは躊躇しがちです。でも私たちが一歩踏み出す勇気を持たなくては、子どもは虐待のある状況で生活し続けなくてはならないのです。ここでは虐待に焦点を当て、私たちの問題として考えていこうと思います。

児童虐待とは

児童虐待という用語は、英語の Child Abuse を訳したものです。Abuse とは、ab（離れた）と use（利用・使用）から成っている言葉で、「正しい使用から離れた」という意味で「乱用」と訳されています。Child Abuse とは、子どもの正しくない利用、子どもの乱用を

1　まだ脳の未発達な乳幼児を激しく揺さぶることによって、脳が圧迫され、脳内出血や眼底出血などを起こし、ときには死に至る事例が１９７０年代からアメリカで報告されるようになりました。これをシェイキングベイビーシンドローム（揺さぶられっこ症候群）といいます。事例のほとんどが生後数ヶ月の乳児で、首も据わっていない乳児を「2秒間に頭部を、5、6回揺する」「20分間左右に強く揺する」「空中に投げて、受け止める」などの結果、障害が起きてきます。なかには、「あやすつもりで」といった育児知識の未熟さからきている事例もありますが、多くは養育者が、怒りに任せて揺さぶってしまうなどの虐待行為ととらえられています。しかし、逆に過度にとらえて、年齢的に問題のない幼児に対しても「高い高い」などの行為をしないという不安の強い養育者も現れ、正しい知識が必要とされます。

左ページ図：児童虐待の相談件数（厚生労働省HPより）
平成22年度は、東日本大震災の影響により、福島県を除いて集計した数値

意味し、ここに Child Abuse の本質が現れています。つまり、本来子どもを養育する責任をもつ大人が、子どもを人権をもつひとりの人間として尊重することなく、自分の都合で、感情や欲求を子どもにぶつけたり、子どもを利用したり、支配したりすることが児童虐待の根本なのです。

２００１年に施行された**児童虐待防止法**では、児童虐待を「保護者がその監護する児童（18歳に満たない者）に対して行う以下の行為、①身体的虐待、②性的虐待、③ネグレクト、④心理的虐待」と規定しました。具体的に見ていきましょう。

①身体的虐待とは外傷の有無にかかわらず、さまざまな形で子どもを傷つける行為です。外傷としては打撲傷、アザ、骨折、頭部外傷、刺傷、タバコによるやけど等が見られます。行為としては、たとえば、首をしめる、殴る、蹴る、投げ落とす、熱湯をかける、風呂場で溺れさせる、冬に戸外に締め出す、拘束する、一室に拘禁するなど、ときには生命に危険のある暴行を加えるなどがあります[1][2]。

②性的虐待とは、親による近親姦、または、親に代わる保護者による性的暴行、性的行為の強要などをいいます。また、子どもが望まないあらゆる形態での性的な接触（性器や性交を見せるなど）、および性的な目的で子どもを利用すること（たとえば、ポルノグラフィの被写体などに子どもを強要するなど）も性的虐待です。

③ネグレクトとは、子育て放棄や子どもの遺棄・置き去りなど保護の怠慢な

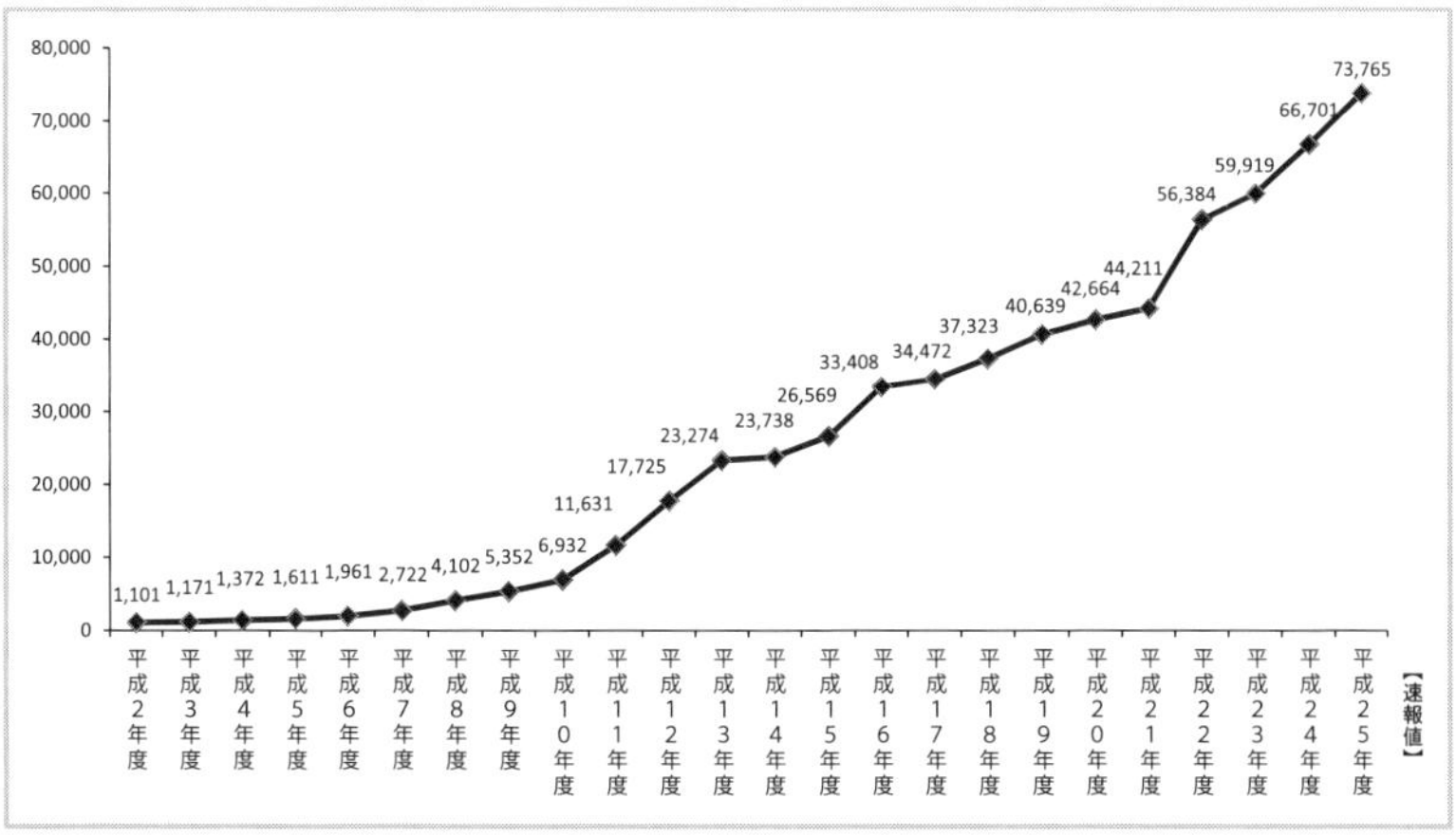

いし拒否により子どもの健康状態や安全を損なう行為をいいます。家に閉じ込めて学校に行かせない、重大な病気になっても病院に連れて行かない、乳幼児を家に残したまま たびたび外出したり、炎天下、乳幼児を車の中に放置することや適切な食事を与えない、下着など不潔なままにするなど子どもの健康状態を損なうほどの無関心・怠慢などもネグレクトです。

④心理的虐待とは、日常的に、「馬鹿」「のろま」などとののしったり、脅迫したり自尊心を傷つけるような言動を繰り返すなど、言葉の暴力によって子どもを傷つけることをいいます。また、子どもにとって必要な情緒的欲求に応えないこと（愛情遮断）や、家族の一員として受け入れることをせず、存在を無視するなど、子どもの人格を否定する対応も心理的虐待です。また、２００４年の虐待防止法の改正で、子どもが夫婦間暴力（ドメスティックバイオレンス）を目撃することも心理的虐待に含まれることになりました。暴力の目撃は想像以上に子どもの心に大きな傷を与え、成長に影響を与えます。

現実にはこれらの虐待は重複して行われており、子どもの被害は単純ではないことはいうまでもないでしょう。

私たちの義務――虐待の発見・通告

私たちは、虐待という子どもの人権被害に対して、どうしたらいいのでしょう。児童虐待防止法には、虐待を受けた子どもを発見した国民の通告義務が明示されています。子どもの虐待は、家庭という外からは見えにくい密室の中で起きてくることなので、周囲が気づかなければ子どもはそのまま厳しい状況の中で生きていかなくてはなりません。

虐待問題には、被害を受けている子どもが救済を求めることをしないという側面があり

2　虐待のひとつとして、子どもに対して、意図的に薬を飲ませたり、怪我をさせたりして繰り返し病院に連れて行き、検査や治療を受けさせ、自分は心配し、ケアする親の役割をとるといった虐待行為があり、「代理によるミュンヒハウゼン症候群」といいます。ミュンヒハウゼン症候群とは、自分で薬を飲んだりして症状を作り出し、嘘の物語や作り上げた証拠を示して、病院で必要のない検査や手術を受けたりする詐病のひとつで、まったくありえない体験談をでっち上げて語った18世紀ドイツの『ほら吹き男爵の冒険』の主人公、ミュンヒハウゼンから名付けられました。

ます。子どもが何も話さないということだけでなく、何気なく、「ママがアイロンでしたの・・」などと口にした後、問い詰められると、「僕が転んで、アイロンにぶつかった」などと発言が変わってくることなどにも見られます。これは子どもの言語能力の未熟さからといった単純なものではありません。重要なのは、自分の受けている行為がどれほどひどくても、それを他者に伝えることは、愛着対象である養育者を裏切る行為となると子どもが感じるということでしょう。また、虐待被害を子ども自身が否認する（現実をそのまま受け止めると不安になるので、現実として受け止めることを拒否する自我防衛の仕方）という側面もあります。

したがって、虐待から子どもを守るためには、周囲の気づきが重要です。周囲が気づくためには、私たちが虐待を疑わせるサインに敏感になることが必要だといえます。

虐待を疑わせる子どもの状況

不自然な傷が多い／不自然な時間の徘徊が多い／衣服や身体が非常に不潔である／常にお腹を空かせていて、食物を与えると、隠すようにしてがつがつ食べる／落ち着きがない（多動）／集中力がない／不服従・強情な抵抗／攻撃性とかんしゃく／兄弟や同年齢の子どもとの関係に欠陥がある／自傷行為（壁や床に頭をぶつける・自分の腕や指に噛みつく・体を引っ掻く・執拗に体を前後に揺する、髪の毛などを自分で抜くなど）／凍りついたような目であたりを窺ったり、暗い顔をして周囲とうまくかかわれない／傷や家族のことに関して不自然な答えが多い／性的なことで過度に反応したり不安を示したりする／年齢の割に性的遊びが多すぎるこうしてみてくると、こんな様子は子どもによくあることであり、その子の性格であって、虐待が関係しているとは思えないという方も多いことでしょう。しかし、虐待は周囲が疑わなくては見えてこないのです。子どもの様子、家族の様子をよく観察して、もしかしたらと疑っていくことが、子どもを守り、そして虐待する親に必要な援助をしていくことにつながっていきます。

虐待する親――世代間連鎖の問題

虐待の原因は何なのでしょうか。厚生労働省の資料によると、経済的な困難、ひとり親家庭、夫婦間の不和、育児疲れ、親族・近隣・友人からの孤立など、厳しい家庭状況と、ストレスの多い親の状況が複雑に絡んで虐待が生起していることがうかがえます。一方、**世代間連鎖**としての虐待が報じられています。このことについて少し考えていきましょう。

私たちは誰でも、家族の関係性を自己の育つ過程で学習してきます。知らず知らずに親と同じような行動をしている自分に気づき、驚くことがある反面、親とは違う行動の仕方を確かに築いている自分にも出会います。親子の関係の仕方は、次の世代に連鎖する部分もあれば、新しい世代が新しく作り上げていく部分もあるといえるでしょう。虐待も家族内の親と子どもの関係性の病理であり、子どものときに、虐待を受け続けて育つということは、暴力と恐怖による支配－被支配関係を学んでくるということです。したがって、虐待の問題でも世代間連鎖が取り上げられることが多いといえます。

しかし、虐待する親が、被虐待経験をもつことがあるといわれることの意味はしっかりと吟味されなくてはなりません。これは、虐待された人が決まって虐待するという意味でとらえてはならないのです。虐待する親が自らの行動を変容しようとする際、親の生育史としてその被虐待体験を受け止める援助が必要とされるという意味で重要な情報なのです。つまり、世代間連鎖は、それを自覚的にとらえ、連鎖の鎖を切る努力によって、新しい行動を獲得することへとつなぐことができるのです。

世代間連鎖の事実を否定することはできませんが、こうした情報が伝えられると、被虐待経験をもつ人の中に自分も虐待をするのではないかとの不安が生まれることもあるでしょう。しかし、虐待されて育ち、自分も虐待する人がどのくらいの割合でいるのかは実際のところわかりません。そして、私たちは、新しい人間関係の築き方を新しく学ぶ可能性が開かれている、そうした力をもっているのです。

●参考書
伊藤昌弘（２００３）『揺さぶられっ子症候群と子どもの事故』大月書店
E・ギル／西澤哲訳（１９９７）『虐待を受けた子どものプレイセラピー』誠信書房
西澤哲（１９９４）『子どもの虐待』誠信書房
西澤哲（２０１０）『子ども虐待』講談社現代新書

20 虐待の影響

虐待を受けた子どもの特徴

子どもは、一人では生きていけません。安全な環境で、養育者とのかかわりあいの中で、新しい体験を重ねながら成長していくのです。養育者との安定した、安全な関係が基盤となって、養育者以外の人との関係への信頼も築かれていきます。

虐待という、養育者との安全で安定した関係が得られないだけでなく、繰り返し心理的にも身体的にも傷つけられていく状況で育つことは、子どもの成長に大きな影響を与えることになります。こうした状況で生き、適応していくために、子どもは独特な行動の仕方を学習していかざるをえないのです。そして学習してきた行動の仕方は、虐待という状況から離れた後も、他者との関係や自己との関係に影を落とすのです。しかし、虐待される状況で学習してきた行動の仕方や他者や自己との関係は、変わらないものではありません。変容の過程は決して容易なものではありませんが、人間関係の再学習が可能な状況が用意されることで、新しく学習できるものともいえるのです。そのためには、被害を受けた子どもたちにかかわる人たちの役割が大きいといえます。

それでは、虐待という体験の中で学習（形成）してくる行動の特徴はどのようなものでしょうか。

人との関係の特徴

①　愛着障害

愛着とは、特定の人と人とのあいだに形成される情緒的な結びつきのことです。子どもは、養育者との愛着関係を基盤に人々との関係を築き、育てていくと考えられていますが、虐待を受けてきた子どもは人との安全な関係体験をすることが難しかったため、対人関係の結び方に独特な特徴が形成されてきます。たとえば、誰彼なしの愛着（無差別的愛着傾向）といわれる対人関係のとり方があります。これは、初めて会った人であっても、旧知の人のように、まとわりつき、べたべたと甘える行動をとるというものです。また、デタッチメントと呼ばれる特徴も見られます。これはある人と良い関係がとれているように見えていても、その人のちょっとした否定的な言動（たとえば、「ちょっと待ってね」とか「そんなことしないで」といった言葉など）によって、手のひらを返したようにその人から離れ、距離を置いてしまうなどの行動をいいます。

こうした特徴はＤＳＭ－Ⅳでは、**反応性愛着障害**として示されており、抑制型と脱抑制型とに分けられていますが、これらは移行したり、混合して見られることもあります。

②　攻撃性

虐待は、養育者が、本来自分が抱える問題を、子どもへのさまざまな**暴力**という問題解決の仕方で処理していくことといえます。被害を受ける子どもは、そうした問題解決の仕方を体験的に学習していくこととなります。強者である養育者が弱者である子どもを暴力で支配する、その関係を学習した子どもは、自分が優位に立てば、他者を支配しようとします。そして物事がうまくいかないときには攻撃性を他者に向けていきます。情緒（感情）をコントロールする術を学習できていないため、攻撃性は、反抗や暴力という形で、直線的に他者に向かい、集団場面で、逸脱行動・問題行動として浮かび上がることが多いのです。

③ 回避・孤立

本来、愛着対象であるはずの養育者から傷つけられる体験を重ねていく中で、自分が少しでも傷つかないように身を守る手段として、周囲とのかかわりを避け、自分の世界にひきこもる行動を学習することもあります。人とかかわる場面を避け、周囲に関心をもたず、表情も乏しくなります。こうした特徴は、**広汎性発達障害**[1]に類似した行動であり、ときには見誤ることもあるので、アセスメントには注意が必要です。

④ 大人びた良い子

養育者の感情や要求を敏感に察知し、自分の感情や要求を抑えて、養育者の感情をなだめ、要求を実現するために懸命にふるまうという行動を学習し、社会的場面でも良い子としてふるまい続ける場合もあります。それが、厳しい状況の中で自分が生き延びていくために学んだ必要な行動だったのです。しかし、思春期を過ぎるころから、自分の感情や要求を抑え込み、周囲に合わせていくことに生きづらさを感じていくことが多く見られます。

⑤ 性的な行動

性的虐待を受けた・受けている子どもに見られる行動の特徴として、年齢にふさわしくない性的な言葉や行動が見られます。また、ときには援助交際など、**性的逸脱行動**ととらえら

1　広汎性発達障害（ＰＤＤ）はＤＳＭ-Ⅳ-ＴＲでは幼児期小児期または青年期に初めて診断される障害の中で取り上げられ、相互的な対人関係技能、コミュニケーション能力に困難があり、常同的な行動・興味・活動が存在する、などの発達のいくつかの面における困難を持つことを特徴とし、自閉性障害・アスペルガー障害などを指すとされています。しかし、ＤＳＭ-Ⅴでは、広汎性発達障害という名は消え、神経発達症群／神経発達障害群の中に自閉スペクトラム症／自閉スペクトラム障害として位置づけられています。

れる行動をとることもあります。こうした特徴は、性的虐待を受けた子どもの愛着行動の表れと見られることもありますし、トラウマの再演[2]としてとらえられることもあります。また、自分を認めてほしい、大切に扱ってほしいという願望からの行動という視点もあります。

自己との関係の特徴

① 低い自己評価

虐待する養育者は、自己の行為を正当化するために、「おまえのせいで…」、あるいは「おまえが悪いからこうする」と言って子どもに暴力を働きます。また、「おまえなんか生まれてこなければ良かったんだ」などと、存在自体を否定します。子どもはこうした養育者の自己を貶める言葉をそのまま受け入れて「自分が悪いからこうなる」「自分なんか生きている価値がない」などと、自己を否定する感覚を育てることになるのです。そして、こうした自己否定的な感覚は、対人関係や社会関係に持ち込まれ、自信がなかったり、集団の隅っこに位置したりといった行動の仕方につながっていきます。

② 解離症状

解離[3]とは、ストレスの高い出来事が生じたとき、自分を守るために、その出来事に関する自分の感覚や記憶、認知などを切り離し、それが自分に起こったことではないかのように体験することをいいます。虐待を受けた体験を切り離し、自分を守っていくということですが、虐待場面から離れた後も、解離症状が現れることがあります。たとえば、重要な出来事を覚えていなかったり、思い出せない、ぼんやりして、夢を見ているように長時間を過ご

---

2 被害にあい、トラウマを受けた人が、再び被害にあうような状況にかかわってしまい、再度傷つくといった現象を、トラウマの再演といいます。当事者もなぜそうした行動をとるのかわからないし、周囲から誤解され、さらに傷つくこともあります。そうした行動の意味については、被害を受けたのと同じような状況で、今度こそ自分の力で支配しようとする試みと解釈されることもあります。

3 「15 解離性障害」の項参照。

す、誰か、そこにはいない人と話をしているかのような独り言を言うなどの行動から解離症状がとらえられます。

③ 発達の遅れ

子どもは、子ども自身が、養育者や、周囲の環境・文化などと相互に関係しあいながら発達していきます。被虐待という劣悪な環境は、子どもが安心して好奇心をもって周囲とかかわることを阻害します。発達に大きく影響することは想像に難くないでしょう。身体発達、知的発達、言語発達、社会性の発達などに遅れや偏りが見られることが報告されています。身体発達の遅れに関しては、低身長が特徴的です。また、虐待者との関係に常に大きな関心を向け、警戒し続ける日常は、環境へ好奇心をもって働きかけることが少なくなり、多様な学習の機会を失っていくことから、理解力や思考力の発達も十分ではない状態が生起するといえます。就学後にも、落ち着いて学習に集中できないことから、学力の問題も出てくることがあります。

状況における行動の特徴

① 多動

落ち着きなく動き回り、集中力に欠けるといった行動が目立つことがあります。また、衝動的な行動も見られ、集団の中で問題とされることが多いといえます。行動の様子は、ＡＤＨＤ[4]と類似しているため、アセスメントが難しいといえます。状況によって行動に変化が見られるかが判断の基準のひとつとなります。

4　「5　子どもの心理臨床」の項参照。

② 脅え・敏感さ

虐待を受けて育つということは、周囲から自分に危険が及んでくるかに敏感な態度を育てます。周囲の物音や、状況の変化に過敏に反応し、びくっとしたり、不安を強く訴えたり、パニックに陥ったりする行動が見られます。

虐待によるさまざまな特徴的な行動は、しばしば、子ども自身に問題があるように周囲から見られてしまい、叱られたり、いじめられたり、認められなかったりという体験を子どもにもたらします。こうした体験は、親子関係の中で傷つけられるだけでなく、社会関係の中でも認められず、傷つけられることとなり、自分がダメだから叱られる、認められないと自己評価をさらに低めていくことになります。**二次的被害**を社会から受けているともいえるのです。

レジリエンスについて

それでは、虐待を受けて育った人全員に、成人した後もさまざまな問題行動が見られるでしょうか。そうではありません。逆境の中でも、力強く生きていく人たちが大勢います。さまざまな虐待に苦しみながらも、そうした状況を克服していく力を、**レジリエンス**[5]（回復力などの訳語がありますが、まだ十分に吟味された一定の訳語はありません）といい、その力の増大を援助する方向が模索されています。人間が基本的にもっている力をエンパワーする支援が必要なのです。

5　「16　心身症（ストレス関連疾患）」の項参照。

●参考書

杉山登志郎（２００７）『子ども虐待という第四の発達障害』学習研究社

スティーヴン・ウォーリン＆シビル・ウォーリン／奥野光・小森康永訳（２００２）『サバイバーと心の回復力――逆境を乗り越えるための七つのリジリアンス』金剛出版

春原由紀編著（２０１１）『子ども虐待としてのＤＶ――母親と子どもへの心理臨床的援助のために』星和書店

カール・ハインツ・ブリッシュ／数井みゆき・遠藤利彦・北川恵監訳（２００８）『アタッチメント障害とその治療――理論から実践へ』誠信書房

21　家庭内暴力

子から親への暴力

家庭内暴力という言葉は、家庭内で生じるすべての暴力（親から子へ、パートナーへ、子から親への暴力）をさすようにみえますが、日本で家庭内での暴力の問題が最初に社会的に顕在化したのが、１９６０年代後半の思春期の子どもが、親や祖父母、兄弟に向ける暴力であったため、「家庭内暴力」という言葉は子どもから家族に向けての暴力をさして使われています。

子どもの家族に対する暴力に悩む家庭がどのくらいあるのかについては、正確な統計はありません。なぜなら、家庭の「内」で起きていることは「外」に対して隠し、「内」で抱え込んで悩むことが多いのが現状だからです。「内」に抱え込んでしまいやすい要因のひとつに、「子どもが親に対して暴力をふるうのは、親の育て方が悪いからだ」とか、「家庭内の問題だから、家族に責任がある」といった、原因や解決を親（家族）に求める世間の視線があるためともいえます。こうした視線は、家族を孤立させ、抱え込んで行き詰まり、結果的に大きな事件へとつながることもあるといえます。解決には外からの援助・介入が必要なのです。

暴力によるコミュニケーションパターンの形成

子どもから家族に向かう暴力には、殴る、蹴る、突き飛ばすなどの身体的な暴力だけでなく、侮辱したり、罵倒したり、脅したりするなど言葉による暴力、相手を責め、謝罪を強要する、自分の決めた無理な行動に従わせる、家族の行動を束縛するなどの支配的暴力、家の中にある家具や物を破壊する、親の洋服をはさみで切り刻む、壁を蹴破るなどの器物破損などさまざまな行動が見られます。しかし、解決に向けては、暴力の内容が問題なのではなく、家庭内に暴力によるコミュニケーションパターンが形成されてしまっていることが大きな問題であるといえます。それでは、このコミュニケーションのパターンはどのように形成されるのでしょう。

そのきっかけは、些細な出来事から始まります。子どもは、怒りや苛立ちを見せ、暴言、物にあたるといった行動を示します。なぜ、そのような怒りや苛立ちが生じてくるのかは、以下で述べていきますが、そのとき、家族に対する不満が表出されます。たとえば、「こんな自分になったのは、親があの時~してくれなかったから」「親のせいで、自分はこうなった」などと親を責めたてるのです。親のせいだと激しい怒りをぶつけてくるとき、親はその意味するところを理解できることはほとんどなく、ただ「本人の気がすむなら」と子どもの言うがままに要求を受け入れていくことが多いといえます。ところが、要求はどんどんエスカレートしていきます。あまりの無理難題に親が要求を拒むと、身体的な暴力が生じてくるのです。

突然の理解できない暴力に、親は衝撃を受け、自分たちの育て方が悪かったのではないかとの思いの中で、子どもを怒らせないようにと、腫れ物に触るような接し方をしていきます。いったん、暴力によって要求や欲望が満たされると、暴力は、自分の要求を満たすためのコミュニケーションツールとなっていきます。親は、要求を呑み続け、いつのまにか、暴力の爆発におびえ、子どもの顔色を窺いながら、子どもの言いなりになる生活を送るようになってしまいます。ここに、暴力による支配と被支配というコミュニケーションパターンが成立してしまいます。この関係性を変化させることが、家庭内暴力を解決するポイントといえるのです。

ときに暴力は、力のある親へ向かわず、妹や弟といった家族内弱者に向けられることがあります。「兄弟げんか」として見て見ぬ振りをする親もなかにはおり、妹や弟に大きな傷を残す結果ともなります。

子どもの状況

家族に暴力をふるわないではいられない思春期の子どもたちの気持ちを、どう理解したらいいのでしょう。「おまえらのせいで、自分はこうなった」と怒りをぶつける子どもの「親のせいで」ではなく、「自分はこうなった」という発言に目を向けてみましょう。そこには、これまでの人生を受け入れがたいひどいものと感じており、そして現在の自分がまったくダメな存在であり、さらにはこの先どうなっていくのかわからない不安の中で、未来への展望を失っているという苦しみが表現されています。

客観的にどうであったかは、ここでは問題ではありません。本人がそう感じているということが重要なのです。失敗の連続であった過去、力を感じられない現在、そして未来へのヴィジョンも描けない閉塞感・無力感。それを自分で抱えられないとき、他人のせいに転嫁することでかろうじて自分を維持しているといえます。そして、それは今の自分のことをわかってほしいというSOSでもあるのです。「おまえらのせいで」という発言も彼らは、本

少年による家庭内暴力の対象別状況（平成26年警察白書より）

対象別	総数	母親	父親	兄弟姉妹	同居の親族	家財道具等	その他
件数（件）	1,806	1,066	154	154	128	296	8
構成比（%）	100.0	59.0	8.5	8.5	7.1	16.4	0.4

当に親のせいでと確信しているわけではなく、暴力が収まり、語り始めたとき、「親に迷惑をかけているダメな自分」を吐露します。

ひどい暴力にまで発展させない初期の段階での子どもの呟きを受け止め、頭ごなしにではなく話をしっかりと聴き、彼らの劣等感や抱える葛藤を否定せずそのままに聴くことを通して、言葉によるコミュニケーションを成立させる努力が周囲に求められているのです。彼らは、今、思春期の葛藤の中で、傍らでじっくり見守る大人を必要としているのです。子どもの話をじっくり聴くということは、子どもの暴力を受け続けるということでは決してありません。

暴力からの離脱

暴力というコミュニケーションパターンは、送り手と受け手の関係性を変えることによって変わりうるといえます。つまり、受け手の側の「暴力の拒否」を基本とするということです。「拒否」ということは「対決」ということではありません。暴力の拒否ということは、暴力を押さえ込むための暴力も拒否することですから、子どもと対決し、子どもの暴力を力ずくで押さえ込もうとするのは間違いです。

それではどうするかということですが、暴力は受けずに離れるということになります。物理的に子どもから距離を置くこと、具体的には、暴力の被害を受ける人が子どもの元を離れるということです。「子どもを見捨てるのか」という反論が出てくることでしょう。しかし、暴力から離れるということは、子どもを見捨てることではありません。距離をとることが暴力の介在しないコミュニケーションを築く第一歩といえるのです。そして、そうした行動は子どもを加害者にしないということでもあるのです。離れることによって、暴力によるコミュニケーションが成立しない段階が作られ、そこから新しいコミュニケーションを形成する契機が訪れます。

家族への援助

現実的にどういう状況でどのように離れ、また、どのように戻るのかといった具体的な方法は、それぞれの家族の状況によって細かな配慮が必要であり、専門機関と相談しながら進めていくことによって、問題解決の不安を勇気へと変えていくことができるでしょう。同時に相談のなかで、これまでの家族関係、親子関係を振り返ることも大切です。振り返ってみると、子どもが指摘するような問題を孕んだ家族関係・親子関係が存在していたことに気づくこともあるでしょう。気づいたなら、きちんとそのことは子どもに謝罪しましょう。親たちが自己防衛に走って、言い訳をしたり、いい加減な対応をすることはさらに子どもとの関係を悪化させます。

子どもからの暴力が日常的に繰り返されることは、家族には大きな精神的負担となります。特に暴力が向けられることの多い母親は精神的に大きく傷つき、疲労します。自分の育て方が悪かったのかと悩み、自分への信頼が揺らいだり、父親が悪かったのでは、祖父母が悪かったのではと、犯人探しをしたりするのです。そしていつ起こるかわからない暴力におびえ、感情が鈍麻したり、暴力にとらわれ、他のことに関心がもてなくなったり、誰も信頼できず孤立感に苛まれたりというように心理的に追い詰められていきます。

家族の「内」に抱え込まず、「外」の力を生かしていくことが必要なのです。回復への歩みは、まず、追い詰められた家族から始めることが現実的です。家族が否定されず安心して語ることができ、孤立感や無力感から開放され、前向きに自分たちの状況を変えていく力を回復していくことがまず最初に必要なのです。そのためにも、相談機関や自助グループ、クリニックなどの社会的資源を利用すること、つまり、「外」の力を生かすことが大切です。

●参考書
斎藤環（1998）『社会的ひきこもり――終わらない思春期』PHP研究所
斎藤環（2002）『「ひきこもり」救出マニュアル』PHP研究所
田中信市（1996）『家庭内暴力――嵐をのりこえるために』サイエンス社

22 ドメスティックバイオレンス

配偶者やパートナーによる暴力

ドメスティックバイオレンス（ＤＶ）とは

家庭という閉ざされた空間の中に多くの暴力が存在するという事実が徐々に明らかにされてきた社会的プロセスは、家庭が決して平和で安全で守られた空間ではないことを浮き彫りにしてきました。日本で、最初に家庭の中の暴力として注目されたのは、**家庭内暴力**と呼ばれた子どもから親への暴力でした。そして親から子どもへの**児童虐待**が、夫から妻への「配偶者による暴力」が、家族から高齢者へ向けられる「高齢者虐待」が浮かび上がり、注目されるようになってきたのです。そして同時に、これらの暴力は単一の現象ではなく、家庭の中で相互に関連しあって家族関係に大きな影を投げかけていることも明らかになってきています。

ここでは、**ドメスティックバイオレンス（ＤＶ）**と呼ばれる、配偶者やパートナーによる暴力を取り上げます。ＤＶ被害者の多くが女性です。暴力とは、殴る蹴るといった身体的なものだけでなく、下表のように広く配偶者の人権を侵害するものをさします。

ＤＶ防止法

児童虐待防止法の成立した翌年（平成13年）、「配偶者からの暴力の防止及び被害者の保護に関する法律」（通称**ＤＶ防止法**）が制定され、平成16年５月に改正法が成立しました。当

ドメスティックバイオレンスの例

① 身体的な暴力：殴る、蹴るなど
② 精神的な暴力：ののしる、怒鳴る、脅す、正座をさせて何時間も説教するなど
③ 経済的な暴力：金銭的な自由を与えない、配偶者の収入を取り上げる、治療費をもらえず病院に行けないなど
④ 性的な暴力：嫌がっているのに性行為を強要する、避妊に協力しないなど
⑤ 社会的な暴力：実家や友人などとの付き合いを許さない、電話の通話履歴をチェックするなど
⑥ 子どもを使った暴力：「馬鹿な母親に育てられた子どもだからダメなんだ」などと、子どもを責める

初、身体的暴力に限られていたDV防止法ですが、改正によって暴力の範囲が拡大されました。

暴力をふるう人

女性に暴力をふるう人はどのような人なのでしょうか。特定のタイプが見られるのでしょうか。残念ながら答えはノーです。年齢も、学歴も、職業も、社会的地位もさまざまです。世間では、①暴力をふるうのは貧困で教育不十分な人である。②暴力の原因は酒やドラッグのせいである。③暴力をふるう人は、どこでも「切れやすい」人か、精神的疾患のある人だ。④男性が暴力をふるうのは、妻が暴力をふるわれても仕方ないきっかけを作っているからだ、といった見方が一般的です。こういったDVに関する一般的な認識は「DV神話」とも呼ばれ、調査研究からも否定されています。家庭の外では、仕事もでき、人との関係も良くて社会的信用もある人物が、家庭では暴力をふるっているということがしばしば見られるのが現実です。こうした現実は、家父長制という力をもった男性による家族支配や、戦争という暴力の蔓延した状況など、暴力や支配を肯定してきた歴史の影響が残存しているということもできるでしょう。

暴力が与える影響

共に生活する配偶者やパートナーから長期にわたり、反復的に繰り返される暴力は、被害者にどのような影響を与えるでしょうか。ジュディス・ハーマン[1]はこのような状況からもたらされる障害を「複雑性外傷後ストレス障害（複雑性PTSD）[2]」と呼び、次のような

1　ジュディス・L・ハーマン／中井久夫訳（1999）『心的外傷と回復』増補版、みすず書房

2　「14　PTSD（外傷後ストレス障害）」の項参照。

ものをあげています。①感情調節の障害（持続した不機嫌、慢性的な自殺念慮、自傷）、②意識状態の障害（記憶にまつわる障害、離人症、一過性の解離）、③自己イメージに関する障害（自分が壊れてしまったような感覚、自分は人とはまったく違うという感じ）、④対人関係の障害（孤立とひきこもり、他者への不信と依存）、⑤その他（自暴自棄、絶望感など）。

ＤＶ被害者は、さまざまな訴えをもって、医療場面や、相談場面に登場します。ＤＶ被害者は、もちろん暴力による外傷の治療のために医療機関を訪れることが多いといえますが、それだけでなく、一見ＤＶとはつながらないように見える多くの心理的訴え（たとえば、物事に集中できない、自信がない、憂鬱だなど）で医療機関・相談機関を訪れることが多いのです。また、自分がＤＶを受けているという認知がないまま、来談する被害者もいます。そして、相談の場での話の特徴として、主語が不明確だったり、時系列に沿った話が難しかったりといったまとまりのない、わかりにくい訴えをしがちです。したがって、ＤＶによる被害を見逃さない視点をもった専門家がじっくり話を聞いていくことが、ＤＶ被害の発見には重要といえるのです。

暴力の悪循環――被害者はなぜ逃げないのか

それほどまでにひどい体験をしているのに、被害者はなぜ逃げないのかという問いがよく聞かれます。そうした問いかけに対して、いくつかの見方が提示されています。ひとつには、現在女性が置かれている社会的状況、経済的状況があるといえます。逃げても食べていけるかという不安には強いものがあるのです。子どもがいればなおさら、この不安は大きくなります。しかし、それにも増して、暴力を受け続けた人々に共通の「学習された無力感」が大きいこともあげられます。繰り返される暴力の中で、何をしても無駄だという絶望感からくる無力感が学習され、暴力に対し無反応となり、たとえ逃げるチャンスがあっても、逃げることなど思いもよらないことになってしまうのです。また、**暴力の悪循環**が生まれ、そのサイクルにはまってしまうことも、暴力から逃げようとしない要因と指摘されています。夫からの暴力の嵐が過ぎ去った後、夫が優しくなり、「ごめん」と謝り、「もう、二度とこんなことはしない」と懺悔し、約束をし、「愛している」と優しい言葉をかけられると、被害者は、関係の修復に希望をもちます。しかしばらくすると、暴力の前触れとなる緊張感が家族の間に満ちてきて、また暴力の嵐が訪れるというサイクルが出来上がってしまうのです。「あの人は本当は優しいのです」という言葉に見られるように、被害者は、サイクルの真ん中に位置するつかの間の優しさに希望をつなぐことで、暴力的な関係から離れることができないでいるといえます。こうした暴力の循環を断つためには、循環から離れるという方法が有効だと知ってもらうことが重要です。そして離れた後の被害者への支援の体制が必要といえます。

「被害者はなぜ逃げないのか」という問いにもう一度戻ってみましょう。被害者がなぜ逃げないかという問いの中には、被害者に対する非難、批判が見え隠れします。ＤＶの問題は、逃げない被害者の問題ではなく、暴力というコミュニケーション手段を用いる加害者の問題なのです。加害者の暴力的なコミュニケーションの仕方（認知や行動）を変える臨床心理学的な支援体制は、今後の大きな課題となっていくでしょう。

子どもが受ける影響

児童虐待防止法の改正によって、子どものＤＶの目撃も**児童虐待**とみなされることになりました。父親から母親に繰り返し向けられる暴力を目の前にして、自分に向かってくるのではないか（ときには実際に暴力に巻き込まれる）という恐怖と、母親を助けられない自分の無力感、自分の存在場所である家庭の崩壊への不安など、子どもが体験する衝撃は大きいものです。ときには、父親から母親に向けられる暴力は「自分のせい」「自分が悪い子だから、母親は殴られている」と思って自分を責めていることもあります。別の部屋で眠っているように見えても、気配を察し、怒声を聞きながら布団の中でじっとしている子どもの気持ちは察するに余りあります。児童虐待の場合のように直接自分が被害を受けるのではないから、その被害は少ないように思われるかもしれませんが、実際は多くの情緒的な問題（たとえば、攻撃的行動、多動、不安、自分への閉じこもり、学習困難など）が報告されており、ＰＴＳＤ症状も多く見られます。被害は、実際に児童虐待を受けた子どもにみられる特徴と同様です。

子どもの健康な育ちには、暴力から離れた後、暴力をふるわない親との健全な関係が重要となるのですが、ＤＶから逃れた後も、被害者である母親自身が先に述べたさまざまな困難を抱えていることから、安定した母子関係を築くことは容易なことではありません。母子双方に周囲からの十分なサポートが必要とされます。

子どもたちは、ＤＶを知っています。暴力による支配を目の当たりにして、自分の不安感や、自責感、悲しみ、怒り等、さまざまな感情を表出しないで抱え込みます。表出しない中で、自分なりのとらえ方をして影響は複雑化していきます。子どもたちが体験してきたこと

3　ＤＶ被害を受けた母子への支援に、コンカレントプログラム（ＤＶ被害母子への同時並行心理教育プログラム）があります。カナダで開発されたもので、日本へはＮＰＯ法人ＲＲＰ研究会（代表：信田さよ子）によって導入されました。お母さんと子どものグループがそれぞれ同時期に同じテーマに取り組みながら、母子それぞれの回復や母子関係の回復を目指します。

を、きちんと整理していく支援[3]の必要性は高く、世代連鎖を断ち切るためにも必要なのです。

DV被害への支援

日本の行政レベルのDV被害者支援は始まったばかりであり、まだ十分に整っているとはいえない状況です。現在の被害者支援は、母親（女性）が加害から離れることへの支援が中心です。それは母親（女性）と子どもを保護し、安全を確保するために重要な支援といえるでしょう。DV被害者の相談窓口となっているのは、配偶者暴力相談支援センターや女性センター、警察であり、必要な場合は、夫からの危害の及ばない安全な一時保護所に入所し、心身の休息を得ることができます。しかし、一時保護所の滞在期間は短く、しかも退所後にも必要なケアの保証はなく、不安定な精神状態のまま、生活していかなくてはならないという厳しい現実があるのです。アメリカやカナダに見られるように、専門家による無料のカウンセリングや自助グループへの参加、子どもへのケアを取り入れたプログラムなど、援助の質、量ともに充実させていくことが急務といえます。

DV加害者へのアプローチ

同時に、加害者へのアプローチも重要なのですが、日本ではまだその緒に就いたばかりの状況です。暴力という支配スキルを学習してきた加害者が、自覚的に変容していくための場と支援者のスキルが求められています。

●参考書

レノア・E・ウォーカー／斎藤学監訳（1997）『バタードウーマン――虐待される妻たち』金剛出版

小西聖子（2001）『ドメスティック・バイオレンス』白水社

信田さよ子（2002）『DVと虐待――「家族の暴力」に援助者ができること』医学書院

ランディ・バンクロフト&ジェイ・シルバーマン／幾島幸子訳（2004）『DVにさらされる子どもたち――加害者としての親が家族機能に及ぼす影響』金剛出版

ランディ・バンクロフト／高橋睦子・中島幸子・山口のり子訳（2008）『DV・虐待加害者の実体を知る』明石書店

春原由紀編著（2011）『子ども虐待としてのDV――母親と子どもへの心理臨床的援助のために』星和書店

エレン・ペンス&マイケル・ペイマー／波田あい子監訳（2004）『暴力男性の教育プログラム――ドゥルース・モデル』誠信書房

A・ジェンキンス／信田さよ子・高野嘉之訳（2014）『加害者臨床の可能性――DV・虐待・性暴力被害者に責任をとるために』日本評論社

23 高齢者虐待

ソーシャルサポートの必要性

「高齢者虐待の防止、高齢者の養護者の支援に関する法律」が平成17年11月に成立し、18年４月から施行されました。これで、平成12年の「児童虐待防止法」、平成13年の「配偶者間暴力防止法」と合わせ、虐待防止法３法が制定されたことになるわけです。この法律の特徴として、「高齢者虐待の防止」と並んで「高齢者の養護者の支援」の法律となっており、高齢者の介護にあたる家族等への支援といった側面を強調した福祉的色合いの強いことがあげられます。

この法律では高齢者を65歳以上のものとし、虐待を、①身体的虐待（高齢者の身体に外傷が生じ、または生じる恐れのある暴行を加えること）、②養護を著しく怠ること（高齢者を衰弱させるような著しい減食、または長時間の放置、養護者以外の同居人による身体的・心理的・性的虐待の放置等）、③心理的虐待（高齢者に対する著しい暴言、拒絶的な対応等の著しい心理的外傷を与える言動を行うこと）、④性的虐待（高齢者にわいせつな行為をすること、またはさせること）、⑤経済的虐待（当該高齢者の財産を不当に処分すること等、当該高齢者から不当に財産上の利益を得ること）、としています。

家庭での高齢者虐待の要因

児童虐待やＤＶと同様、**高齢者虐待**も、外からはなかなか窺い知れない閉ざされた家庭の中で起きてきます。そこにはどのような要因が動いているのでしょうか。

① 介護の行き詰まり

高齢者虐待の事例を見ていくと、介護を家族だけで担う、それも特定の女性に過重な負担がかかっているという現実が見えてきます。高齢者を家庭で抱え込み、介護を行ってきた結果、介護者が心身ともに疲れきってしまうという状況が生まれてくるのです。虐待の自覚の有無にかかわらず、高齢者への行為を家族内や外に知られないようにする、つまり、家庭内では自分の行為への家族からの批判を恐れて、他の家族に知られないように、また家庭外にも知られないように隠そうとする傾向がさらに介護者の疲労を深め、虐待行為が繰り返されていくという悪循環に陥ってしまうこととなります。介護を特定の人に任せるのではなく、他の家族や地域のサポート等を生かして分担し、負担を減らしていくことが求められます。

② 家族内人間関係の問題

家族は、歴史をもっています。現在に至るまで、さまざまな関係のありようを展開してきました。高齢な妻への夫による暴力が、若いころからの妻へのＤＶの延長であったり、妻による高齢な夫への虐待や、子どもによる高齢な親への虐待が、若いころ受けていたＤＶや虐待への反動であったりすることも見られます。つまり、かつての加害者が高齢化によって力を弱め、力関係が逆転することによって、それまでの被害者が加害行為に転じることもあるのです。そうしたこれまでの家族関係の歴史や背景に目を向けて問題を理解することが必要です。

③高齢者の状態についての知識の不足と介護者の感情の処理の難しさ

介護する側に、高齢者の加齢に伴う行動や認知症特有の行動に対する理解が欠けていると、「なんでこんなことをするのか」とイライラが募り、暴行や暴言が高齢者に向かうことがあります。また、たとえ、認知症についての理解はあっても、実際目の前にいる高齢者の変化を受け入れることができずに、「どうしてお母さん、こんなことができないの」と高齢者を責めたり、懸命に介護しているにもかかわらず、高齢者から「財布を盗んだ」などと妄想から来る被害的な言動を向けられて怒りを覚えたり、などということはよく見られることです。

介護の問題——要介護高齢者側の要因

介護の問題を難しくしている高齢者の側の要因には次のようなものがあります。

①介護者への感謝心の欠如や過度な要求

介護を受ける高齢者の中には、自分の状況の大変さにいらだち、何とかしてほしい気持ちから、介護者に過度の要求をすることがあります。介護者にとっては、自分は精いっぱいやっているのに、それへの感謝もなく、次々と要求を出す高齢者にいらだつこともあります。

②周囲との調和が困難な性格や認知症、精神障害等の症状からくる行動上の問題

加齢に伴う身体・精神的な症状は、周囲との円滑なコミュニケーションを難しくします。

③ 介護に対する抵抗

介護が必要であるにもかかわらず、介護への抵抗を示すことがあり、介護者を傷つけることもあります。

介護の問題――社会・環境要因

① 介護サービスを受けることに対する偏見

他人の援助（介護サービス）を受けるのは恥であるとか、介護は妻や嫁がすべきと考える精神風土は、現状ではまだまだ根強いといえるでしょう。これは、かつての「家」制度の残滓といえるものです。しかし、核家族が一般的となった現在では、家族だけによる閉じた介護は行き詰まるのであって、家族を開いて家族外からの援助を生かしていく、介護の社会化という視点が共有されなくてはなりません。

② 保健福祉サービスの量の不足や質の低さ

介護の社会化に向け、介護保険が導入されたものの、サービスの質・量ともに要介護者のいる家庭にとって十分であるとは言いがたい状況です。

介護保険制度は、要介護高齢者の増加、介護期間の長期化等の介護ニーズの増加と、核家族化の進行、介護する家族の高齢化等の社会状況の変化のもと、介護が必要になった高齢者やその家族を社会全体で支えていく仕組み（介護保険）として２０００年に創設されました。制度は、40歳以上の人が支払う「保険料」と「税金」とで運営されており、運営は市区町村と特別区（以下、市区町村）が行い、これを都道府県と国がサポートします。運営者を「保険者」、介護が必要になったときにサービスを受けることができる人のことを「被保険者」といいます。

③ 情報の不足

情報化社会と呼ばれている現在、情報格差は広がっています。高齢者家庭は、インターネットなどの情報機器の操作が難しいだけでなく、高齢化に伴い本や新聞などの印刷された文字情報も得にくくなるなど、情報弱者となっています。身近な相談窓口をはじめ、高齢者に情報を伝達する方策が求められます。

要介護施設従業者による高齢者虐待

介護施設内で起きているため、外側からは見えにくいのですが、要介護施設従業者による高齢者虐待の問題も存在します。この問題の背景には、介護従事者の個人の資質の問題もないとは言えませんが、労働環境や労働条件の厳しさの中で、余裕をもって介護に当たれないといった問題があります。

ソーシャルサポートの必要

高齢者虐待の犯人探しや虐待者への非難では問題は解決しません。虐待は関係の中で起きてくるのですから、関係を担う当事者たちへの多様な援助が必要です。家族内で抱え込むのではなく、広く**ソーシャルサポート**[1]を受けることが問題を解決するためには必要なこと

高齢者虐待への対応状況（厚生労働省調査から）

	養介護施設従事者等（※1）によるもの		養護者（※2）によるもの	
	虐待判断件数（※3）	相談・通報件数（※4）	虐待判断件数（※3）	相談・通報件数（※4）
25 年度	221 件	962 件	15,731 件	25,310 件
24 年度	155 件	736 件	15,202 件	23,843 件
増減（増減率）	66 件（42.6％）	226 件（30.7％）	529 件（3.5％）	1,467 件（6.2％）

※1　介護老人福祉施設など養介護施設又は居宅サービス事業など養介護事業の業務に従事する者
※2　高齢者の世話をしている家族、親族、同居人等
※3　調査対象年度（平成 25 年 4 月 1 日から 26 年 3 月 31 日）に市町村等が虐待と判断した件数（施設従事者等による虐待においては、都道府県と市町村が共同で調査・判断した事例及び都道府県が直接受理し判断した事例を含む。）
※4　調査対象年度（同上）に市町村が相談・通報を受理した件数

です。

ソーシャルサポートには、資金の提供や、人手の提供、介護用具の提供など道具的サポートと呼ばれるものや、当事者たちの気持ちを受け止めしっかり聞いたり、苦しさや大変さを共感したりする情緒的サポート、介護行為を肯定的に評価し、効果を知らせる評価的サポート、介護に関する、あるいは障害や疾病に関するさまざまな情報を伝える情報的サポートなどがあります。介護を受ける側も、介護する側にも、十分なソーシャルサポートが受けられることが望まれます。高齢化社会の到来で、高齢者介護をいかに社会で進めていくかは大きな課題となっています。

高齢者虐待の問題は、その家族や、施設の個別的な課題としてとらえるのではなく、介護環境の改善といった社会的な課題として考えていかなくてはならないでしょう。

---

1 「26 育児ノイローゼ」の項参照。

●参考書

渡部律子（2011）『高齢者援助における相談面接の理論と実際』医歯薬出版

日本社会福祉士会編（2011）『市町村・地域包括支援センター・都道府県のための養護者による高齢者虐待対応の手引き』中央法規出版

24　アディクション（嗜癖）・依存症

抜けられない悪習慣

アディクションとは、「嗜癖《しへき》」と訳され、行動の悪習慣にとらわれ、逃れられないことをさします。

私たちは特に意識しないまま自然に行動し、生活が成り立っています。それは、生まれてからこれまでに獲得してきた多くの習慣に支えられていると考えることができるでしょう。学習理論からとらえると、習慣は、報酬としての快感によって強化されながら、その行動の繰り返しによって形成されていくと考えられます。たとえば、朝の歯磨きを例にとって見ましょう。小さいときから親から励まされ、ほめられる快感、あるいは、サボったときの叱責によって強化され、大人になるころは歯を磨かないとなんとなく落ち着かず不快になるようになっています。これは、良い習慣の獲得といえるでしょう。しかし、生活や生存を困難にするような悪習慣というものもあります。たとえば、アルコールや薬物、ギャンブルなどにはまり、抜け出せない状態です。毎日アルコールを飲まないといられない、パチンコに朝から通ってやめられない、その上、お金が足りなくなれば、借金を重ねてもアルコールやギャンブルにはまっていく。一瞬の快感を得ながら習慣は強化されていきます。しかしそのような習慣にのめりこんでいくことは、その人の社会生活に破綻をきたすだけでなく、生存自体をも危機に陥らせます。

このように生活や生存を危うくするような習慣を「悪習慣」とし、それにとらわれている状態を嗜癖（アディクション）と呼びます。嗜癖は、**依存症**[1]と呼ばれることもあります。

行動の悪習慣

行動の悪習慣にはどのようなものがあるかから見ていきましょう。

① 物質へのアディクション

アルコール依存症、薬物依存症（シンナー、コカイン、ヘロイン、覚せい剤などの非合法薬物や危険薬物、鎮咳剤、ライターのブタンガス、医師の処方薬など）、タバコによるニコチン依存症、摂食障害（過食症）など、物質を体内に摂取することによって起きる変化によって得られる快感に嗜癖していくものです。

② プロセスへのアディクション

ある行為の始まりから終わりまでのプロセスに伴う快感に嗜癖していくものです。ギャンブル依存、浪費癖、買い物依存、ゲーム依存、繰り返される万引き行為、家族の中で繰り返される暴力、繰り返される性的逸脱行動などがあります。スリルに満ちた一瞬の快楽に身を置く、それが危険であればあるほど、味わう快も大きいといえます。

③ 関係へのアディクション

人との関係に嗜癖することです。異性との破滅的な関係を繰り返したり、他者の問題に関心を集中し、その人の人生に侵入し支配することにアディクトしていくのです。そこには、

---

1 ＤＳＭ－Ｖでは、依存症の診断名は改められ、アルコールや薬物などの物質を摂取することによって精神的、身体的、社会的に問題が生じてくる状態を、「物質使用障害（物質依存と物質乱用）」となりました。

「その人のために」と、愛情があるから、あるいは善意で、という理由づけがあるのですが、結果的に双方が身動きのできない状態になってしまうことになりがちです。共依存[2]という概念で説明されます。

アディクションとセルフコントロール

アディクションの原因を追究していくことだけでは、現実的な回復に必ずしもつながっていかないといえます。人が強いストレス状況を一時的にでも回避するために、あるいは空虚な生活を埋めるために、何らかの気分転換を求めるのはある意味、自然なことでしょう。それがアルコールであったり、パチンコであったり、買い物であったり、食べることであったりします。そうした行動でリフレッシュして、通常の生活とのバランスをとっていくわけです。しかし、そのバランスが崩れ、アルコールやパチンコが優先され、通常の社会生活が立ち行かなくなったとき、問題として浮かび上がってきます。

人がなぜアディクションにはまってしまうのかを考える上でのキーワードは、**セルフコントロール**という言葉でしょう。生活を破壊するような危険な快楽をコントロールしていくために、私たちの社会はさまざまな規範を設けてきたといえます。社会は、ある種の快楽をタブー視し、禁止してきました。そして、人はその規範を受け入れ、そうした快楽をコントロールすることが人としての成熟とされてきました。しかし、規範からはずれても得られる一瞬の快にのめりこみ、セルフコントロールのできない状態にまでいってしまったときアディクションとなります。

アディクションからの回復は、個人の内面だけを分析するといった方法では難しいのです。

2　「25　共依存」の項参照。

アディクション（嗜癖）を、社会関係や人間関係が充実していないことへのすりかえとして満足を得る手段として把握したとき、回復への道筋における社会関係や人間関係の再構築という側面の重要性が見えてきます。

こうした側面から、アディクションからの回復には、当事者をめぐる関係の変容が必要となります。特にアディクションの当事者を支えるイネイブラーという存在[3]への働きかけが重要になるといえます。また、関係の再構築には、同じアディクションの問題を抱える人が集まる自助グループの役割が重要視されています。

3　「25　共依存」の項参照。

●参考書

信田さよ子（1999）『アディクションアプローチ――もうひとつの家族援助論』医学書院
信田さよ子（2000）『依存症』文春文庫
信田さよ子（2014）『依存症臨床論――援助の現場から』青土社

25　共依存

問題行動を助けてしまう人の問題

共依存とは、アルコール問題に悩む家族をシステム論からとらえる中で気づかれていった、アルコール依存者と家族との関係性をとらえた概念です。アルコール依存の臨床活動に携わってきたコ・メディカル（ケースワーカーや心理士、作業療法士など、医師以外の医療従事者）の中から生まれたこの概念は、アルコール依存症に限らず、さまざまな家族の中に生じた問題を理解し、解決の方向を見出すために生かされています。

イネイブラー

共依存という概念が出される前に、**イネイブラー**という言葉が使われました。イネイブラーとは、enable する人、つまり（誰かに何かが）できるようにする人という意味からきています。アルコール依存の人に対して結果的にアルコールを飲めるように助けてしまう人、支えてしまう人のことです。

ひとつの例をあげて考えていきましょう。

飲酒暴力が止まない夫の事例

ある男性は、毎晩のように会社の帰りに酒を飲んで帰宅します。帰宅後も酒を妻に要求します。「もう、飲まない方がいいんじゃない」と妻が言おうものなら、「なんで、俺にさからうんだ」と、リビングにあるテーブルをひっくり返したり、物を投げつけたりします。部屋の中はめちゃめちゃです。仕方なく、妻は酒を出します。夫は好きなだけ酒を飲んで、ソファーで寝込んでしまいます。妻はそんな夫を寝室まで運び込んで、ネクタイを解き、パジャマを着せて寝かせ、やっとほっとして、その後、めちゃめちゃになった部屋を片付け、就寝します。翌朝、目覚めた夫は、きれいに片付いた部屋で、昨晩のことはすっかり忘れ（ブラックアウトと呼ばれます）、まるで何事もなかった様子です。妻の言葉に答えて「俺、そんなことしたかあ」と一言、何もなかったかのように会社に出かけます。妻は、覚えていないという夫の言葉を半信半疑で聴きながら、「きっと、仕事のストレスを解消しているんだわ」と、自分の気持ちを抑え込んでしまいます。こうした生活が続くうち、酒の量はどんどん増え、飲酒の上の暴力もひどくなっていきました。朝、酒が残ったまま出社していく夫を見て、妻はため息をつくばかりです。一日中、どうしたら夫の酒をやめさせることができるかということが頭から離れません。「もうお酒はやめてほしい」と繰り返し夫に伝えても、効果はありません。「別れたら」という友人の忠告にも、「あの人は私がいないとダメになる」といって、離れようとはしません。

問題行動に困りながら、問題行動をやめさせる手立てを考え続け、そして結果的に問題行動の維持に力を貸している人、それがイネイブラーです。イネイブラーは、アルコールの問題だけではありません。パチンコにはまり、朝から晩までパチンコをし続け、こづかいが足りなくなると、親に金を要求し、それでも足りなくなると、借金を重ね、返済できなくなると親に泣きつき、「もう、絶対にしないから、今回だけはお金を出してほしい」といいながら、親が返済すると、また、パチンコに行くといった例でも、子どもに裏切られながらも繰り返しお金を出すという行為で、親は子どもの問題行動を支え、維持させています。ここにもイネイブラーがいます。

共依存

アルコール臨床の中で、アルコール依存の本人の周囲のイネイブラーの存在が気づかれました。イネイブラーたちは、生活苦や暴力、裏切りに耐えながら、離れようとはしません。つまり、彼らの関心は、依存症者のために「私が何とかしなくてはならない、私がいなくてはあの人はだめになる、どうしたらいいか」という点に集中しています。その結果、イネイブリングは現状のシステムを補完し、維持する方向で機能しているといえるのです。そのような関係性を共依存と呼びます。

アルコール依存症者がアルコールから離れられないのと同様に、イネイブラーは依存症者から離れられないという関係性です。つまり、人との関係へのアディクション（嗜癖）という意味で共依存という概念が生まれ、アメリカで病理的な関係と受け取られました。しかし、日本の文化は、自分のことより、他人のために一生懸命尽くす姿を美しいものとみなしがちです。家族の一員が困っている他の家族を助けようとするのは、「愛情」であるという見方が強いといえるでしょう。酒に溺れる夫を妻が支えて、苦労して子どもを育てているといった姿は、周囲から「大変だね、苦労してるね」といった同情を買い、愛情のひとつの姿とみなされ、病理として把握されることはほとんどなかったといえるでしょう。それでは共依存の問題性はどこにあるのでしょう。それを解くキーワードは、**コントロール**（支配）です。

コントロール（支配）

一方が一方に対して良かれと思ってすること、たとえば、説教をしたり、無理にやめさせようと努力を傾けながら、その人の面倒を見続けたり、行為の尻拭いをし続ける、それが結果的には意図に反して事態をますます悪くしていくという悪循環が、共依存という関係性には見られます。そのとき、良かれと思って面倒を見ている人は、実は、自分の正しい・良いと思っている方向に、相手を引っ張っていく、つまり、相手を自分の思い通りにする、コントロールしようとしているという視点から見ていくとどうでしょう。夫のアルコールを私の力で何とかしよう、この人は私がいなければダメになるというとき、いったい誰の問題を私は変えようとしているのでしょうか。他者の問題を、その当事者に任せず、私の力で何とかできるものなのでしょうか。当事者が、その問題を引き受ける前に、当事者が困らないように、あるいは自分が困らないようにコントロールしようとしてしまっているのです。そうした事態に気づき、そして、相手をコントロールすることを放棄する行動をとっていくことを通して、共依存という関係から脱却していくことになります。

人間関係は多様な形がありえます。人間関係が発展的でなく、そこに関係の変容が必要だと関係を担う者がとらえたとき、共依存という関係が成立しているのではないかという切り口で自分たちの関係を振り返ってみると、新しい関係を形成する契機となりうるでしょう。

●参考書

信田さよ子（２０１２）『共依存』朝日文庫

26　育児ノイローゼ
母親になるプロセスでの問題

ここでは、乳幼児期の子どもを育てている親、特に母親の臨床心理的課題について考えていきましょう。

人はその人生の転換期を迎えたとき、さまざまな新しい課題に出会い、それまでの行動の仕方やものの見方などを修正して新しい状況に適応していきます。子どもを産み、母親になるという過程も女性にとってさまざまな変化が伴う転換期であり、新しい適応の仕方を模索する危機的状態といえます。子どもを産むことで生物的には母親になるのですが、人間には、心理社会的に母親になっていくプロセスが必要なのです。そのプロセスで起きてくる母親の心理臨床的問題から、**マタニティーブルー**、**産後うつ病**、**育児ノイローゼ**を取り上げます。

マタニティーブルー

出産直後、母親はホルモンの分泌の切り替えという大きな身体的な変化を迎え、身体的な変化だけでなく、精神的にも強く影響を受けます。それだけでなく、出産の疲労の回復もままならぬ状況で、待ったなしでの乳児の世話も始まります。睡眠時間を削っての授乳、排泄の世話、乳児からのサイン（泣く）の意味もわからず、ほっとする暇もありません。出産後、３日から10日ほどの間に、多くの母親に、涙もろくなったり、不安に駆られたり、憂鬱になったり、落ち着かなかったり、眠れなかったりという状態が見られます。これはマタニティーブルーと呼ばれますが、一過性の正常な反応であり、周囲からの精神的な、物理的なサポートによって乗り越えることができます。

産後うつ病

うつ病は、環境の変化をきっかけに発症することが多いといえます。出産という大きな体験、その後の母親としての適応課題の大きさなどから、強い不安や気分の動揺、焦燥感や疲労感、倦怠感などのうつ症状が現れることがあります。ＤＳＭ－Ⅳでは、分娩後４週間以内に発症したものを産後うつ病としていますが、その後３ヶ月ぐらいの間にも抑うつ状態が出現することがあります。出産後に生じる育児や家事の負担増加、心身の疲労などが重なって抑うつ状態になり、家事や育児が億劫になったり、そういう状態の自分を責めたり、子どもに対して愛情がわかない、育てたくないと訴えたりします。

そんなとき、「母親なら子どもが愛せないはずはない」とか「気のもちようだから頑張れ」などと、叱咤激励することはますます母親を追い込みます。周囲の理解とサポートが必要なのです。特に、夫の役割が大きいことが指摘されています。夫の理解と具体的な手助けが母親の支援として大きな役割を果たすのです。また、産後うつ病は医療からの援助を受けることも必要で、治療後の経過が良いとされています。授乳中であるからと、投薬を恐れて受診しないケースが見られますが、医師とよく相談して医療を受けることも大切です。

育児ノイローゼ

マタニティーブルーや産後うつ病なども一部含みながら、乳幼児の子育て期にある母親たちが育児に疲れ、イライラや憂鬱を抱え、日常生活や子どもとの関係がうまくいかないで悩む状態を、広い概念として育児ノイローゼと呼びます。また、ノイローゼと呼ばれるほどまでにはいかなくても、母親たちが、子育て中心の生活を送る中で、充実感や満足感が感じられず、イライラを抱えている状況をさして**育児不安**と呼びます。

育児不安には、どう育児をしたらいいかわからないという育児困難感と、毎日同じことの繰り返しに子育てから逃げ出したくなるといった育児負担感があります。ほとんどの母親は、育児不安をもちながらも、子育ての肯定的な面を認め、生活を維持していくことができているといえるのですが、中には、育児に疲れ、イライラを溜め込み、それを子どもに暴力的に向けたりするといった状況も見られます。生活に困難をきたしてくるような状況はノイローゼといってもいいでしょう。

育児不安・育児ノイローゼと呼ばれる状態を引き起こす要因はいくつかありますが、主なものをあげて考えてみましょう。

育児困難感に関するもの――育児に関する情報の氾濫

初めて赤ちゃんと出会い、育てていくとき、何をどうしたらいいかわからないのは当たり前です。どう抱っこすればいいの、どう沐浴させればいいの、泣き止まないのはなぜ、母親たちは戸惑います。かつては、母親たちは自身の子ども時代に自分の弟妹の世話をしたり、祖父母や父母、兄姉たちの養育態度を見ながら育ち、また、自身の出産後も実家の母親や、姑などの援助を受けながら育児のノウハウを学んで母親として成長していきました。しかし、現在は、出産直後は実母や姑の援助を受けることはあっても、その後はアパートなどの密室で一人で育児していく母親たちが多く、育児書や育児雑誌、インターネットなどから育児に関する情報を得ています。しかし、情報は、育児観や子ども観によってさまざまであり、必ずしも一致していないのです。氾濫する情報の中から自分と自分の子どもにとって何を選んだらいいかということは難しい作業であり、選んだとしても、それが良かったのかといった不安を生んだり、情報どおりにならなかったと自信を失うことにもなります。

子どもは一人ひとり個性的な存在で、その子のテンポに合わせて育児していくことが大切で、育児書どおりには子どもは育たないのですが、情報過多が育児不安の要因となっています。

育児負担感に関するもの

① 母親という重圧

「親は愛情をもち、愛情の証明として子育てに全力投球することが無条件に肯定されるのである。逆にいえば、親は子どものために何かしなければならないと、常に強制され続ける状態に置かれる」と山田[1]は指摘しています。山田は「親は」と述べているのですが、社会通念的には、「母親は」ということになっています。父親の家事分担や育児参加に関する調査を見ても、意識面では変化が見られていますが、実際の行動が伴っておらず、家事、育児はほとんどを母親が行っている現状です。「いい子」を育てる「いい母親」にならなければならないというプレッシャーは母親たちにとって重荷になり、懸命にしている子育てを誰からも認められることもなく、そんな毎日から逃げ出したくなるのも理解できます。

1　山田昌弘（1994）『近代家族のゆくえ——家族と愛情のパラドックス』新曜社

②家庭の閉鎖性、孤立感

子育てを母親だけが担うという状況は、歴史的にも決して古くからあるものではなく、戦後近代家族の特徴といえるでしょう。核家族化によって、家族という閉ざされた領域が成立し、プライバシーという名の密閉化が進みました。それは、地域社会からの断絶であり、家族の孤立化を進めることになったのです。一日のほとんどを子どもとだけ過ごす「母子カプセル」と呼ばれる状況は、母親には、社会から隔絶され、孤立感を深めていくものといえます。ほとんどの母親が、以前は就業し、社会参加していただけに、社会から取り残されるような孤立感は厳しいものです。

ソーシャルサポートの重要性

昔の拡大家族や地域社会による子育てに戻ることはできないでしょう。育児不安や、育児ノイローゼといわれる状況を改善するためには、新たな子育てを支援する仕組みが必要とされています。行政的にも、子育て支援事業や、子ども家庭支援センターの設置などが進められていますが、必要なのは、人と人との関係性を重視した支援です。そうした支援を**ソーシャルサポート**といいます。基盤的に必要とされるものは、夫をはじめとする家族の理解と協力です。これはさまざまな調査研究から母親たちが最も望んでいるものです。夫や家族によるサポートもソーシャルサポートのひとつといえます。

ソーシャルサポートとは、「人がある情報を受け取ることによって、自分が世話を受け、愛され、価値あるものと評価され、コミュニケーションと相互の責任のネットワークの一員であると信じることができる様な情報」をいいます。

ソーシャルサポートには、以下の4つがあげられています。

①道具的サポート：何らかのストレスに苦しむ人に解決に必要な資源を提供する（たとえば、具体的に家事・育児の手を提供する、金銭を与えるなど）

②情緒的サポート：ストレスに苦しむ人の情緒に働きかけて、自ら積極的に問題解決にあたれるような状態に戻すような働きかけ（たとえば、じっくり話を聴く、一緒にいて、友情や愛情を示すなど）

③情報的サポート：ストレスに苦しむ人に解決につながる情報を与える（たとえば、具体的なアドバイスをする、資源を手に入れることができるような情報を与えるなど）

④評価的サポート：ストレスに苦しむ人が気づけずにいる肯定的側面を評価する（たとえば、その人が実現できていることを評価して伝えるなど）

多様なソーシャルサポートのネットワークが、育児不安や育児ノーローゼといわれる状況が生起する前に予防的に、あるいは、生起した後も回復への援助として機能していくことが重要です。

●参考書
山田昌弘（1994）『近代家族のゆくえ――家族と愛情のパラドックス』新曜社
諏訪きぬ・堀内かおる・戸田有一（1998）『母親の育児ストレスと保育サポート――子育て支援・環境づくりへの指標』川島書店
柏木惠子（2001）『子育て支援を考える――変わる家族の時代に』岩波書店
浦光博（1992）『支えあう人と人――ソーシャル・サポートの社会心理学』セレクション社会心理学8　サイエンス社

27 社会的ひきこもり

対人関係の悪循環

現代の青年の問題としてマスコミなどで取り上げられることの多い、**社会的ひきこもり**。30歳近くになっても、仕事に就かず、外出もせず、生活のほとんどを自室に閉じこもったまま過ごしている彼らに、どう対応していったらいいか、困った家族が相談の場に登場してきます。そう、臨床の場に最初に登場するのは困っている家族なのです。はじめから本人が相談・治療の場に自ら進んでやってくるということはほとんどありません。自分の問題として相談の場に登場するのは、家族の対応がそれまでと変わってきた後のことといえます。実はここに、この社会的ひきこもりの問題の特徴が現れているのです。

自室にこもり、何もしていないように見える彼らに対し、周囲から向けられる目には、厳しいものがあります。しかし、「親が甘やかしているからだ」「社会とはそんな甘いものではない。厳しさが足りない」などの声は、彼らにも、また家族にも役に立たないばかりか、「誰もわかってくれない」と当人や家族に孤立化の道をたどらせることとなります。

彼らは甘えて、何もしないで過ごしているのではありません。彼らは、さまざまな悩みや葛藤を抱え、自分自身を否定的に感じ、他者との関係を恐れながら、しかし欲しながら、こもっているのです。

Dさんの事例

Dさんがひきこもるようになったのは、大学入学後、しばらくたってからで、もう丸2年自室に閉じこもっています。相談に見えた母親は、「せっかくいい大学に入ったのになぜ」と言葉を詰まらせます。そして続いて出てくる青年に対する批判非難。「あの子は甘えている」「いくら言っても親の言うことを聞かない」「何もしようとしない」「だらだらとサボっている」これらの発言には、ひきこもりは間違った行動で、学校であれ、就業であれ、きちんと社会参加することが人間としてあるべき姿であり、そうしない人間を許してはいけないという社会通念が色濃く映し出されています。

「私は、彼の顔を見ると、大学に行くように、行かないなら仕事をしなさいとつい言ってしまうのです。するとすごい顔をしてにらみます。ときには怒って唐紙を蹴破ったりします。家の中はもうめちゃくちゃです。」母親の何とかしなくてはとの焦燥感、このまま子どもはダメになるのではとの不安感が語られます。

母親も追い詰められている様子です。「父親は、おまえの育て方が悪いといって私を責めます。親に合わせる顔がないから実家にも行かない。息子の同級生の親に会うのではないかと近所の買い物もびくびくです。」

ひきこもりの状態にいる青年たちの問題を、家族が、そして社会が、どうとらえて援助しようとするかによって、青年たちの行動は変化しうるといえるのです。

なぜひきこもるのか

社会的ひきこもりは、「20代後半までに問題化し、６ヶ月以上、自宅にひきこもって社会参加をしない状態が持続しており、ほかの精神障害がその第一の原因とは考えにくいもの」と定義されます[1]。

斎藤は、ひきこもりの特徴を、思春期心性に深く根ざしていると指摘しています。つまり、発達の途上の思春期に、越えなくてはならないさまざまな発達課題につまずいた状態ということができます。さまざまな葛藤の中で、視野の狭さやかたくなさといった青年期独特のものの見方と、自己の置かれた状況を客観的にとらえることができず、イラつきながらひきこもりを続ける姿がうかがえます。

それでは、ひきこもりのきっかけは何でしょう。実はきっかけが明らかでないものが非常に多いのですが、（家族以外の）対人関係の問題、学業上の挫折体験、就学環境の変化などがあげられています。しかし、こうしたきっかけだけを、何年間も続くひきこもりの原因とするのは単純すぎるでしょう。また、きっかけや原因がわかれば回復できるという発想も有効ではありません。ひきこもりの事例は、「なぜ」を問題にするのではなく、今の状況をどう理解し、どうかかわって、先を作っていくかを課題とするべきでしょう。

ひきこもりは病気か

ひきこもっている青年たちの多くに、対人恐怖、強迫症状、被害関係念慮、抑うつ感、睡眠障害などの精神症状が見られます。精神科や心療内科にいけば、診断名もつけられることがあるでしょう。だからといって社会的ひきこもりを個人の病理に還元してしまうことは、

1　斎藤環（１９９８）『社会的ひきこもり――終わらない思春期』ＰＨＰ新書

回復（社会参加）の方向を狭めてしまうことになるのではないでしょうか。長年ひきこもりの事例にかかわってきた斎藤は、「社会的ひきこもりの問題は、つきつめれば対人関係の問題と見ることができ」、「いかに本人を治療するか」より「いかに有効に治療的介入を行うか」に比重を置くといいます。彼はひきこもりの状態に、個人の病理だけでなく、対人関係の悪循環（**ひきこもりシステム**と呼んでいます）を見出し、関係の仕方を変えていくことによって悪循環に変容をもたらすというストラテジーを立てていきます。少し詳しく見ていきましょう。

ひきこもりシステム

斎藤は、社会的ひきこもりの状態には、個人と家族と社会の3つの領域に分けて、それぞれの領域に悪循環が生じているとします。図1のひきこもりシステム模式図を見ながら理解していきましょう。「健常なシステム」では3つのシステムは接点をもって働いています。個人は家族と日常の中でコミュニケートし、互いに影響を与えながら生活を続けていきます。また個人は学校や会社などの場において社会とコミュニケートし、影響を受けます。さらに家族もまた、それぞれの生活で社会とのコミュニケーションの回路をもち、相互に影響しあいます。しかし、「ひきこもりシステ

図1 ひきこもりシステム模式図

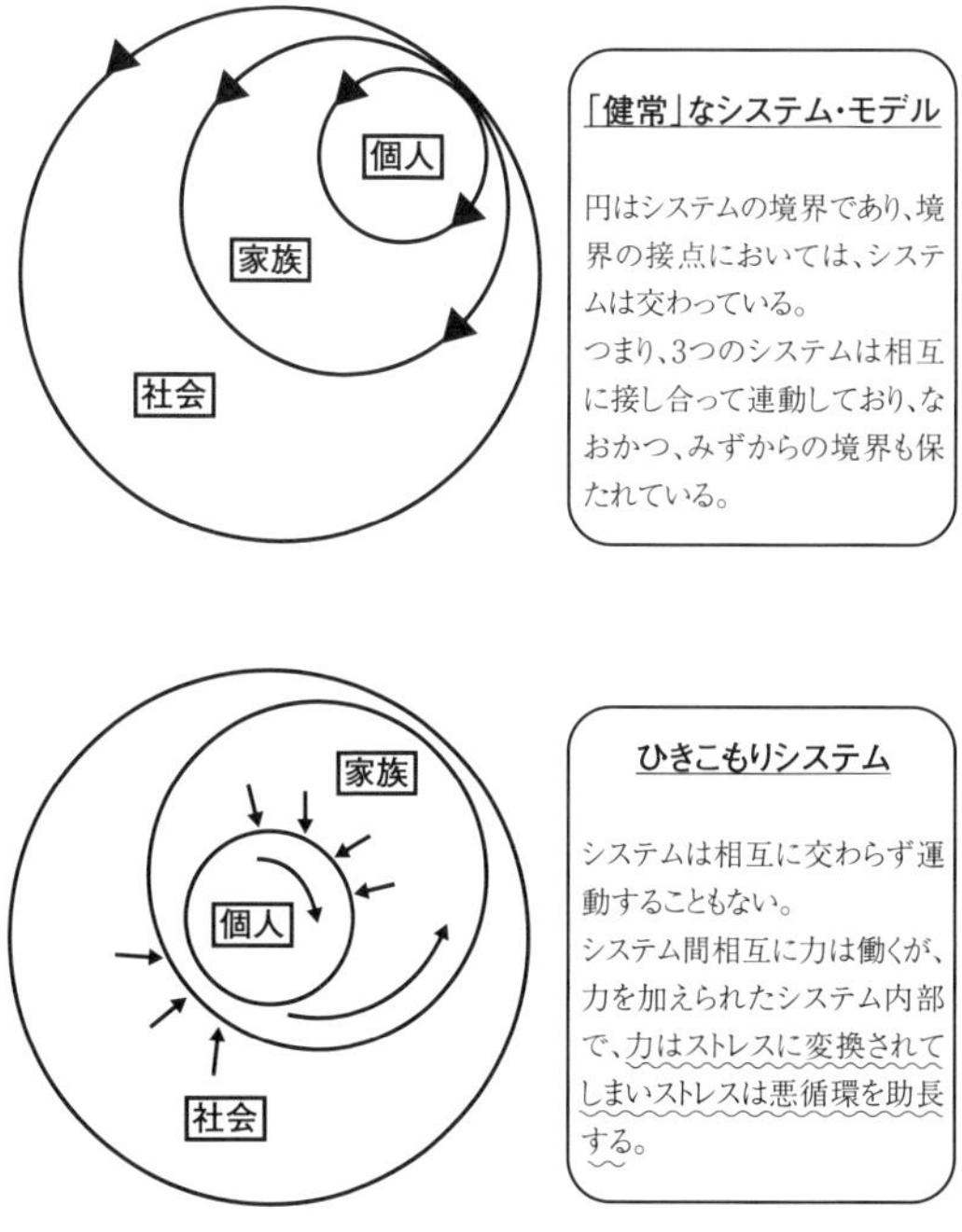
個人
家族
社会
「健常」なシステム・モデル
円はシステムの境界であり、境界の接点においては、システムは交わっている。
つまり、3つのシステムは相互に接し合って連動しており、なおかつ、みずからの境界も保たれている。
家族
個人
社会
ひきこもりシステム
システムは相互に交わらず運動することもない。
システム間相互に力は働くが、力を加えられたシステム内部で、力はストレスに変換されてしまいストレスは悪循環を助長する。

ム」では、こうした接点が互いに乖離してしまい、機能しなくなっていると考えられます。

先ほどのＤさんを例に、３つのシステムの機能不全を考えていきましょう。まず個人のシステムです。Ｄさんは、きっかけは明確ではなく、大学に行かなくなり、家庭にひきこもる生活を始めました。ひきこもり状態にあるということは、社会通念的にはみんながしていることができないのですから、それだけで自己嫌悪・自己否定感を引き起こします。なぜ出られないのか、出たくないのか、本人にもわからないのですから厄介です。家族が、なぜ行かないと責めれば責めるほど、罪悪感と自己嫌悪に苛まれ、ますます閉じこもります。他者との接触を避けるようになってひきこもりの悪循環は強まっていきます。

次に家族のシステムです。お母さんの言葉から家族のコミュニケーションを見てみましょう。父親は母親を責め、母親は子どもを責めるという一方通行のコミュニケーションが見られます。そしてそれに対して、息子からは暴力という形のやはり一方通行のコミュニケーションです。

最後に社会的システムとの関係です。表面的には母親も父親も社会システムの中に位置づき、仕事や近所づきあい、親戚づきあいはしています。しかし、子どものひきこもり状態については、世間体を気にして家族内で抱え込んで何とかしようとしています。世間からの無言のプレッシャーに、家族が防衛的に孤立化していくという図式が見られます（図２）。

こうしたシステムの機能不全を変化させることから、問題の解決の糸口を見つけていくのです。もちろん、そのプロセスは簡単なことではありません。鍵となるのは、まず身近な家族間のコミュニケーションシステムの変容です。家

図２　社会的ひきこもりの悪循環模式図

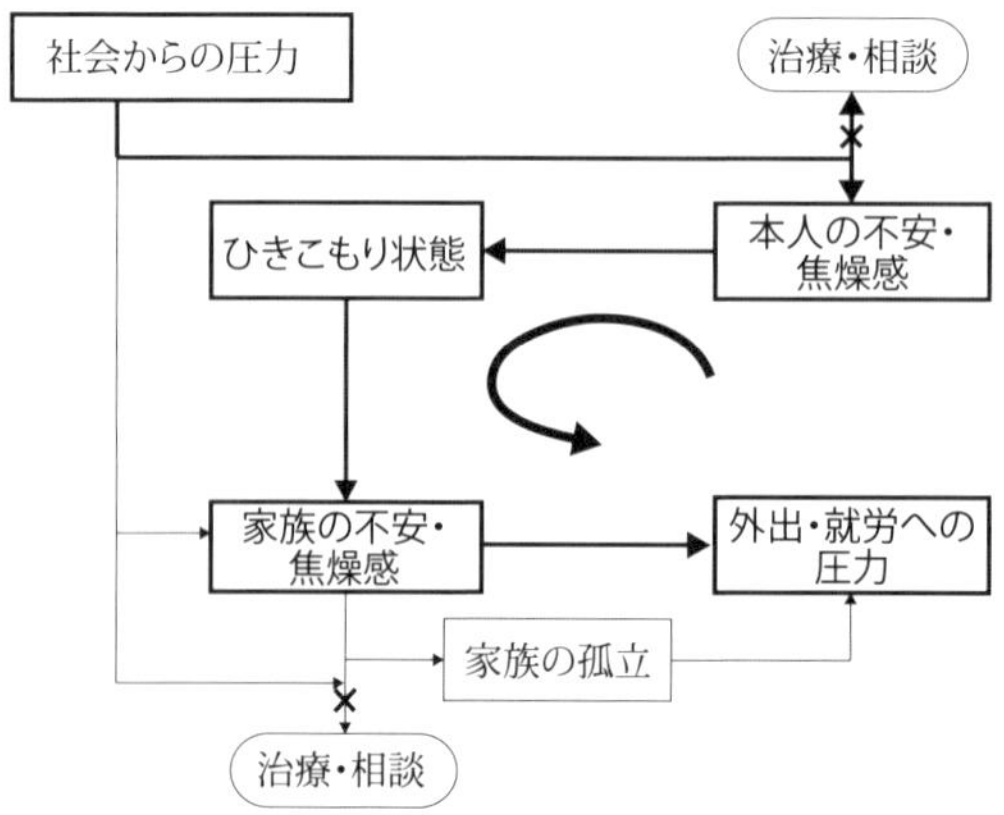

族間に対立的な、一方方向のパターンではなく、双方向のコミュニケーションが成立してくると、状況は少しずつ変化していきます。

●参考書
斎藤環（1998）『社会的ひきこもり——終わらない思春期』PHP新書
斎藤環（2002）『「引きこもり」救出マニュアル』PHP研究所

28 不登校

成長途上のつまづき

児童・生徒が学校に登校していない状態のことを**不登校**といいます。文部科学省の「不登校のきっかけとなった状況」の調査[1]では、①学校にかかわる状況（いじめ、いじめを除く友人関係をめぐる問題、教職員との関係をめぐる問題、学業の不振、進路にかかわる不安、クラブ活動・部活動等への不適応、学校のきまり等をめぐる問題、入学・転編入学・進級時の不適応）、②家庭にかかわる状況（家庭の生活環境の急激な変化、親子関係をめぐる問題、家庭内の不和）、③本人にかかわる状況（病気による欠席、あそび・非行、無気力、不安など情緒的混乱、意図的な拒否、上記のいずれにも該当しない、本人にかかわる問題）とに分けて、不登校のきっかけをとらえています。

文部科学省「不登校児童生徒数の推移」

子どもが不登校という状態に至ったとき、周囲の人々はどう考えたらいいでしょう。学校に登校させることだけを考えて、いかにして登校させるかを考えがちです。しかし、ここで考えなくてはならないことは、不登校という行動を通して子どもが何を訴えているかということです。子どもはＳＯＳを発しているのです。このままではダメなんだ・・・と。

子どもの問題行動には、その子どもをめぐるさまざまな状況の中に、関係の発展が阻まれている状況・うまくいかないと感じられる状況が生まれているということなのです。それは、

1 「平成19年度児童生徒の問題行動等生徒指導上の諸問題に関する調査」（文部科学省）http://www.mext.go.jp/b_menu/houdou/20/08/08073006.htm

前述した文部科学省のきっかけ調査にも示されているように、多様です。ただ、どのようなきっかけであろうと、ひとつのきっかけだけでは、不登校という問題状況は成立しません。さまざまな要因が絡み合って、不登校という状態が生まれたといっていいでしょう。

具体例をあげて考えてみましょう。

F君の事例

F君は、一人っ子。両親の愛情と期待の中で、幼児期を過ごしてきました。もともと能力の高い子どもでしたから両親、特に母親は、彼のためと思って、お稽古に通わせたり、自身が数字やひらがななど「お勉強」と称して課題を与えるという生活を送っていました。彼は両親の期待に応えようと頑張っており、親のいうことをきく素直な良い子でした。

ところが、小3になってしばらくすると、彼は、登校を渋り始めました。朝になると「おなかが痛い」とか「頭が痛い」とか言いだすようになりました。両親は、はじめのうちは何とかなだめて登校させていましたが、そのうちF君は頑として行かなくなりました。母親は、担任の先生とも連絡を取り合い、担任は友人に迎えに行かせたり、電話をかけたりしました。母親が付き添って登校させたり、教室に入らないで保健室で過ごすという形もとってみました。それでも登校しようとはしないので、母親は週に一度学校を訪れるスクールカウンセラーに相談したのです。

相談の中でさまざまな子どものSOSが気づかれていきました。

＊F君は、素直な良い子です。それは、親のいうことをよく聞く子どもということですが、親の指示がないと動けないということでもありました。「どうすればいいの?」が口癖のよう

に出てきます。親は指示を出し、そうするとうまくいくのです。ところが3年生になって、クラスの一人がF君をからかうようになりました。たとえば、後ろの席から机を前に押し出し、F君がイスと机の間に挟まって身動きができなくなるようないたずらをします。それに対して「やめてよ」と小さな声で言うのですが、それを面白がってさらに押してきます。これを「いじめ」というかどうかは別にして、友人とのやり取りの問題を自分の力でどう解決していくかという〝自己〟の育ちが、発達課題として浮かび上がっています。

＊一方、母親は、F君のためと、次々に課題を出していきました。ひとつできれば次の課題、もっともっと先に伸ばそうとしていました。F君にとってはできて当たり前、できなければ親の期待を裏切ることになります。頑張り続けて疲れてしまってもいました。

＊クラスや先生との関係を見てみましょう。3年生になってクラス替えがあり、F君は、新しいクラス、転任してきた新しい先生という環境の変化の中にいました。新しい環境でどうふるまっていったらよいかという適応課題も見えてきます。

＊家族の関係を見ると、父親は、仕事が忙しく、子どもの教育は母親任せで、いい結果だけを喜ぶというかかわりでした。母親も子どものできることが増えていくことを父親に報告し、それを認められることが自分の努力が認められることとして大事だったのです。

ここでは比較的シンプルなケースを取り上げましたが、このようにさまざまな要因が絡み合って不登校という状態が生じてくるのです。不登校という問題は、特殊な子どもの問題ではなく、誰にも起こりうることであり、そうした状態を打開するためには、子どもをめぐる

1　「11　スクールカウンセリングと教育相談」の項参照。

関係の変容を図る必要があります。

回復を手助けする仕組み

不登校の児童・生徒数の増加が、**スクールカウンセラー制度**の導入につながったといえるのですが、現在、各学校でスクールカウンセラー[1]が多くの不登校児童・生徒の問題にかかわって活動しています。一人ひとりの状況と課題を丁寧にとらえ、その改善・発展へと地道に援助しています。また、教育委員会では教育相談室を設けて、そこで臨床心理の専門家などの相談活動による援助もありますし、適応指導教室[2]を設置し、少人数の中で、子どもたちの回復を手助けするという仕組みも用意しています。

不登校は、どの子どもにも起こりうる成長途上のつまずきです。つまずき、転んだ子どもに対して、「どうして転んだの」と非難しても立ち上がれません。立ち上がる力をつけ、自分の力で踏み出していく支援を周囲が温かくしていくことが重要です。そして、立ち上がるために、環境を整える周囲の努力も欠かせません。

2　文部科学省は「教育支援センター（適応指導教室）整備指針（試案）」を示し、教育委員会に対し、不登校児童生徒に対する適切な支援を求めています。目的として「不登校児童生徒の集団生活への適応、情緒の安定、基礎学力の補充、基本的生活習慣の改善等のための相談・適応指導（学習指導を含む。以下同じ）を行うことにより、その学校復帰を支援し、もって不登校児童生徒の社会的自立に資すること」をあげています。

●参考書

門眞一郎・高岡健・滝川一廣（1998）『不登校を解く――三人の精神科医からの提案』ミネルヴァ書房

29 集団適応

集団と個の関係

私たちは簡単に「集団に適応している・適応できていない」と、個々の何らかの問題となる行動をとらえようとしがちです。**集団適応**という場合、集団は良いものとして存在し、人々はそこに「適応」する必要があるとみなしていることが多いのです。しかし、集団はそれぞれ独特であり、個人もそれぞれ個性をもっています。したがって、適応の問題は、集団と個の関係について考えていく必要があります。

集団と個人

これまでの臨床心理学は、人間の問題は、その個人の内面、性格やあり方から生起してくると考え、個人に対する援助を主眼として発展してきました。しかし、発展の過程で、個人だけの問題ではなく、個人が所属する集団（家族や学校や職場の集団など）に成立するさまざまな関係性から引き起こされるという視点が成立し、家族療法や集団療法などの実践・研究が進んできました。こうしたアプローチは、所属する集団と個の関係性を改善しようという方向性のもと、進んできています。

具体的に学校における集団不適応といわれる問題を見てみましょう。学級になじめない、学級での活動に参加できない、友人とのトラブルが多い、クラスの中で孤立している、等が学校で取り上げられる集団不適応とされる行動といえます。学校に来られないこと（不登

1　具体的に考えていきましょう。非常に攻撃的で、感情のコントロールの難しい小学低学年の男子を想定してみましょう。ちょっと気に入らないことがあると、同級生に向かっていき、暴力で自分の欲求をかなえようとします。このような児童に対してどうかかわるか、とても難しい問題です。つい厳しく叱るという行動をとりがちです。

しかしこの児童の課題は何でしょう。自分の思いをうまく言語化できないのかもしれません。暴力という方法を問題解決の方法として学習してきているのかもしれません。「僕を見て」「僕を認めて」という気持ちが強いのかもしれません。集団の側から困った行動ととらえるのではなく、その子どもの側に立ってみる視点が重要です。「F君は、こういうことをしたかったけど、できなかったから悔しくなっちゃったんだね」と興奮しているF

校）も、集団不適応ととらえられることがあります。こうした問題に対し、児童・生徒個人への援助は大切です。しかし同時に集団の側にも変化が求められるといえます[1]。

先にも述べましたが、集団不適応といって個に問題を成立させ、個の変容を目指すだけでなく、その子どもと集団の関係に良い関係を生み出すかかわりが求められます。

コンサルテーション

このような不適応ととらえられた児童・生徒個人への援助と、その個人だけでなく誰もが適応しやすい集団の形成という2つの課題を同時的に解決していくにはどうしていったらよいのでしょう。そこには、専門家たちの協働が求められます。具体的には、**スクールカウンセラー**[2]という臨床心理の専門家と、先生という教育の専門家の協力が求められるのです。スクールカウンセラーは、クラスに適応できないとされる児童・生徒と個別にかかわり、彼の適応課題をとらえ、その改善を目指してかかわります。そして同時に彼がクラスの中に安定的に位置づくためには何が整えられるといいかもとらえていきます。そして、クラス担任と話し合い、カウンセラーがとらえていることと、先生がとらえていることとを交差させ、クラスとして何ができるかを考えていきます。こうした活動を、**コンサルテーション**[3]といいます。担任の先生は、クラス集団の運営に大きな力をもっているので、その力を発揮していただき、その児童・生徒が適応しやすい状況をクラスの中に形成していく役割をとっていくのです。そしてそれは、不適応ととらえられた児童・生徒だけにではなく、すべての児童・生徒にとって望ましいクラス集団の形成でもあるのです。

君にかかわってみると「そういうことをしちゃダメでしょう」と否定的にかかわるのとは違った状況が生まれるかもしれません。周囲の子どもたちも、「あっそうか。F君はこういうことをしたかったんだ」と理解し、協力する姿勢も育つでしょう。

2 「11 スクールカウンセリングと教育相談」の項参照。

3 コンサルテーションとは、専門性の異なる専門家たちが出会い、支援を必要としている問題状況について検討しあうプロセスをいいます。自らの専門性に基づいて他の専門家を援助する役割を「コンサルタント」、そしてコンサルテーションを受ける役割を「コンサルティ」と呼びます。クライエントに接しているのがコンサルティだけであり、コンサルタントは間接的に援助するという形もあります。

●参考書

森正康（2010）『児童の心理 ― パーソナリティ発達と不適応行動』サイエンス社

30 反社会的行動

仲間への所属感

私たちの社会には、人々が安全に、安心して暮らしていくために、さまざまな規範があります。そうした規範から逸脱し、社会を脅かすととらえられる行動を**反社会的行動**と呼びます。社会を直接脅かすことはなくても、社会参加から撤退したり、拒否する行動を非社会的行動と呼ぶこともあります。どちらも、臨床心理の立場からのアプローチが要請されているといってよいでしょう。反社会的な逸脱行動は、もちろん成人期にも犯罪行為などとしてとらえられるのですが、思春期・青年期に目立って現れ、周囲の対応が求められてきます。具体的には、対教師暴力・対生徒暴力・授業妨害・窃盗・万引き・タバコや飲酒、シンナーや危険薬物摂取等の行動があげられます。

反社会的行動をする青少年の特徴

こうした行動が目立つ生徒をどう理解し、どうかかわっていったらよいでしょうか。

反社会的な問題行動のきっかけは、周囲の大人たちとの人間関係のもつれから始まるということができます。それは、両親・家族であったり、教師であったり、身近な大人たちです。そしてはじめのちょっとした逸脱行為に対して、大人たちは力で抑えるようなかかわりをしやすいのですが、そうしたかかわりはかえって大人への反発を強め、不適切な行動を増長させることにつながりやすいといえます。

彼らの特徴として、幼少時から他者からの肯定的な評価を受ける経験が少なく、自己評価が低く、自尊心が傷ついているといわれます。認められたいという欲求は強いのですが、どうせ自分は認められないとの思いから、反動的に反発したり、反抗したりして、暴言や暴力・授業妨害などの行動化が起こります。その結果、周囲の生徒や教師・親たちからますます肯定的な評価を得られないばかりか、友達も回避的な行動をとるようになり、教室でも家庭でも受け入れられず居場所を失うという悪循環にはまっていきます。そのような状況にいる少年たちは、**仲間集団**を形成し、そこに**所属感**をもつようになります。

反社会的問題行動への支援

反社会的問題行動がどの程度の段階にあるのかをアセスメントすることも、支援の体制を考える上で重要です[1]。軽度の場合には、校内の教師（生徒指導・教育相談担当や担任）、ときにはスクールカウンセラー等がチームであたります。行動化が進んでいくと、校外の教育相談機関や児童相談所・警察少年サポートセンターなどとの協力が必要になり、さらには司法機関（家庭裁判所・警察署）の介入が必要になる場合もあります。同時に家庭の協力が非常に重要ですが、協力して問題解決に取り組もうとする家庭がある一方、協力が期待できなかったり、家庭の機能が崩壊しているケースも少なくありません。

こうした状況にある生徒たちにとって重要なのは、自分たちが受け入れられ、所属感を感じられる状況の成立と大人への信頼の回復といえるでしょう。そうした関係が生まれると、自己肯定感が回復し、不適切行動が減少していくといえます。しかし、こうした関係の成立には、長く根気強い支援が必要です。

1　校内での単独あるいは少数のグループによる問題行動（教師に対する反抗や授業妨害等）といった軽度の段階から、授業のエスケープ等学校生活から逸脱していく段階、地域の非行グループとの関係が深まり、学校・家庭から逸脱する生活が常習化する段階、長期の家出や非行グループと深い付き合いができ、薬物などの問題や地域での恐喝・暴力等の問題も現れている段階等、行動は変化していきます。できるだけ早期の段階での支援が必要です。

●参考書
武田明典・鈴木明美・森慶輔・遊間千秋（2008）「スクールカウンセラーによる反社会的問題行動生徒への関わり」『国立青少年教育振興機構研究紀要』第8号
藤岡淳子（2001）『非行少年の加害と被害——非行心理臨床の現場から』誠信書房

係〈臨床・教育〉── 気づく・学ぶ・活かす』不昧堂出版
春原由紀編著（2011）『子ども虐待としてのDV ── 母親と子どもへの心理臨床的援助のために』星和書店
鈴木眞理（2008）『摂食障害（ Primary care note)』日本医事新報社
諏訪きぬ・堀内かおる・戸田有一（1998）『母親の育児ストレスと保育サポート ── 子育て支援・環境づくりへの指標』川島書店
高野清純・國分康孝・西君子編（1994）『学校教育相談　カウンセリング事典』教育出版
高良聖（2013）『サイコドラマの技法 ── 基礎・理論・実践』岩崎学術出版社
武田明典・鈴木明美・森慶輔・遊間千秋（2008）「スクールカウンセラーによる反社会的問題行動生徒への関わり」『国立青少年教育振興機構研究紀要』第8号
田中信市（1996）『家庭内暴力 ── 嵐をのりこえるために』サイエンス社
土屋明美監修（2013）『グループ活動を始める時に』ななみ書房
浦光博（1992）『支えあう人と人 ── ソーシャル・サポートの社会心理学』セレクション社会心理学8，サイエンス社
ウォーカー，L. A.／斎藤学監訳（1997）『バタードウーマン ── 虐待される妻たち』金剛出版
渡部律子（2011）『高齢者援助における相談面接の理論と実際』医歯薬出版
ウォーリン，S. J.・ウォーリン，S.／奥野光・小森康永訳（2002）『サバイバーと心の回復力 ── 逆境を乗り越えるための七つのリジリアンス』金剛出版
山田昌弘（1994）『近代家族のゆくえ ── 家族と愛情のパラドックス』新曜社

成田善弘（1993）『心身症』講談社現代新書
日本家族研究・家族療法学会編（2003）『臨床家のための家族療法リソースブック』金剛出版
日本臨床心理士資格認定協会（2008）『臨床心理士の歩みと展望』誠信書房
日本社会福祉士会編（2011）『市町村・地域包括支援センター・都道府県のための養護者による高齢者虐待対応の手引き』中央法規出版
日本心身医学会教育研修委員会編（1991）「心身医学の新しい診療指針」『心身医学』31(7), 537-573.
日本遊戯療法研究会編（2000）『遊戯療法の研究』誠信書房
西澤哲（1994）『子どもの虐待』誠信書房
西澤哲（2010）『子ども虐待』講談社現代新書
信田さよ子（1999）『アディクションアプローチ —— もうひとつの家族援助論』医学書院
信田さよ子（2000）『依存症』文春新書
信田さよ子（2002）『DV と虐待 ——「家族の暴力」に援助者ができること』医学書院
信田さよ子（2012）『共依存』朝日文庫
信田さよ子（2014）『依存症臨床論 —— 援助の現場から』青土社
岡知史（1999）『セルフヘルプ グループ』星和書店
大野裕（2011）『はじめての認知療法』講談社現代新書
ペンス，E.・ペイマー，M.／波田あい子監訳（2004）『暴力男性の教育プログラム —— ドゥルース・モデル』誠信書房
プロチャスカ，J. O.・ノークロス，J. C.／津田彰・山崎久美子監訳（2010）『心理療法の諸システム —— 多理論統合的分析』金子書房
パトナム，F. W.／中井久夫訳（2001）『解離 —— 若年期における病理と治療』みすず書房
Rogers, C.（1942）*Counseling and Psychotherapy: Newer Concepts in Practice* . Boston: H. Mifflin.〔ロジャーズ／末武康弘・保坂亨・諸富祥彦訳（2005）『カウンセリングと心理療法 —— 実践のための新 しい概念』岩崎学術出版社〕
斎藤環（1998）『社会的ひきこもり —— 終わらない思春期』PHP 新書
斎藤環（2002）『「ひきこもり」救出マニュアル』PHP 研究所
下山晴彦・熊野宏昭・中嶋義文・松沢広和編（2015）「医療・保健領域で働く心理職のスタンダード」『臨床心理学』85 第 15 巻 1 号
下山晴彦（2008）『臨床心理アセスメント入門 —— 臨床心理学は、どのように問題を把握するのか』金剛出版
下山晴彦（2011）『認知行動療法を学ぶ』金剛出版
白川美也子（2006）『トラウマを乗りこえるためのセルフヘルプ・ガイド』河出書房新社
杉山登志郎（2007）『子ども虐待という第四の発達障害』学習研究社
春原由紀（2011）「プレイセラピーと関係論 —— 子ども相談の基礎」武藤安子ほか『関

ハーマン，J.／中井久夫訳（1999）『心的外傷と回復』みすず書房
磯田雄二郎（2013）『サイコドラマの理論と実践 ―― 教育と訓練のために』誠信書房
伊藤順一郎（2005）『家族で支える摂食障害 ―― 原因探しよりも回復の工夫を』保健同人社
伊藤昌弘（2003）『揺さぶられっ子症候群と子どもの事故』大月書店
ジェンキンス, A.／信田さよ子･高野嘉之訳（2014）『加害者臨床の可能性 ―― DV･虐待･性暴力被害者に責任をとるために』日本評論社
門眞一郎・高岡健・滝川一廣（1998）『不登校を解く ―― 三人の精神科医からの提案』ミネルヴァ書房
カルフ，D. M.／山中康裕監訳（1999）『カルフ箱庭療法［新版］』誠信書房
上島国利･上別府圭子･平島奈津子編（2013）『知っておきたい精神医学の基礎知識第 2 版』誠信書房
柏木惠子（2001）『子育て支援を考える ―― 変わる家族の時代に』岩波書店
河合隼雄編（1969）『箱庭療法入門』誠信書房
金吉晴・加藤寛・広幡小百合・小西聖子・飛鳥井望（2004）『PTSD（心的外傷後ストレス障害）』星和書店
カーシェンバウム，H.･ヘンダーソン，V. L. 編／伊東博･村山正治訳（2001）『ロジャーズ選集 ―― カウンセラーなら一度は読んでおきたい厳選 33 論文（上、下）』誠信書房
近藤喬一・鈴木純一編（1999）『集団精神療法ハンドブック』金剛出版
小西聖子（2001）『ドメスティック・バイオレンス』白水社
ランドレス，G. L.／山中康裕監訳（2007）『プレイセラピー ―― 関係性の営み』日本評論社
ラザルス，R. S.／林峻一郎訳（1990）『ストレスとコーピング ―― ラザルス理論への招待』星和書店
前田重治（2014）『精神分析的面接入門』誠信書房
マツィリア，J. S. ホール，J. 編／下山晴彦編訳（2003）『専門職としての臨床心理士』東京大学出版会
増田健太郎・石川悦子編（2013）「スクールカウンセリングを知る」『臨床心理学』第 13 巻第 5 号、金剛出版
マクファーランド，B.／児島達美監訳（1999）『摂食障害の解決に向かって』金剛出版
文部科学省「平成 19 年度児童生徒の問題行動等生徒指導上の諸問題に関する調査」http://www.mext.go.jp/b_menu/ houdou/20/08/08073006.htm
森下正康 (2010)『児童の心理 ―― パーソナリティ発達と不適応行動』サイエンス社
村瀬喜代子・森岡正芳編（2013）「実践領域に学ぶ臨床心理ケーススタディ」『臨床心理学増刊第 5 号』
NABA（2013）「多様化する 摂食障害からの回復と成長」http:// naba1987.web.fc2.com/
中井久夫（2013）『分裂病と人類』東京大学出版会

文　献

AA 日本出版局訳編（2005）『アルコホーリクス・アノニマス ── 無名のアルコホーリクたち』NPO 法人 AA 日本ゼネラルサービス

上里一郎監修（2001）『心理アセスメントハンドブック』西村書店

American Psychiatric Association／高橋三郎・大野裕・染矢俊幸訳（2002）『DSM- Ⅳ -TR　精神疾患の分類と診断の手引き』医学書院

American Psychiatric Association／高橋三郎・大野裕監訳／染矢俊幸ほか訳（2014）『DSM-5　精神疾患の分類と診断の手引』医学書院

東豊（1993）『セラピスト入門 ── システムズアプローチへの招待』日本評論社

東豊編（2006）『家族療法のヒント』金剛出版

バンクロフト，L.／高橋睦子・中島幸子・山口のり子訳（2008）『DV・虐待加害者の実体を知る』明石書店

バンクロフト，L.・シルバーマン，J. G.／幾島幸子訳（2004）『DV にさらされる子どもたち ── 加害者としての親が家族機能に及ぼす影響』金剛出版

Breuer von J. & Freud, S.（1895）*Studien über Hysterie*. Leipzig: F. Deuticke.〔ブロイアー＆フロイト／金関猛訳（2013）『ヒステリー研究』中公クラシックス〕

ブリッシュ，K. H.／数井みゆき・遠藤利彦・北川恵監訳（2008）『アタッチメント障害とその治療 ── 理論から実践へ』誠信書房

コーエン，J. A.・マナリノ，A. P.・デブリンジャー，E.／白川美也子・菱川愛・冨永良喜訳（2014）『子どものトラウマと悲嘆の治療 ── トラウマ・フォーカスト認知行動療法マニュアル』金剛出版

デビソン，G. C.・ニール，J. M.・クリング，A. M.／下山晴彦編訳（2007）『テキスト臨床心理学 1』誠信書房

ディヤング，P.・バーグ，I. K.／玉真慎子・住谷裕子・桐田弘江訳（2004）『解決のための面接技法 ── ソリューション・フォーカスト・アプローチの手引き』金剛出版

エレンベルガー，H. F.／木村敏・中井久夫訳（1980）『無意識の発見 ── 力動精神医学発達史』弘文堂

エリス，A.／国分久子訳（1984）『神経症者とつきあうには ── 家庭・学校・職場における論理療法』川島書店

藤岡淳子（2001）『非行少年の加害と被害 ── 非行心理臨床の現場から』誠信書房

ギル，E.／西澤哲訳（1997）『虐待を受けた子どものプレイセラピー』誠信書房

後藤雅博（編）（2000）『摂食障害の家族心理教育』金剛出版

長谷川啓三・若島孔文編（2002）『事例で学ぶ家族療法・短期療法・物語療法』金子書房

は行

ハーマン　Herman, J. L.　65, 105
パールズ　Perls, F. S.　34
バーロウ　Burrow, T. L.　40
ヒポクラテス　Hippocrates　78
プラット　Pratt, J. H.　40
フリードマン　Friedman, M.　74
フロイト　Freud, S.　7, 8, 11, 58
フロイト　Freud, A.　29
ブロイラー　Bleuler, E.　6
ホームズ　Holmes, T.　73

ま行

マーレー　Murray, H. A.　81
モレノ　Moreno, J. L.　40, 44

や行

ヤスパース　Jaspers, K. T.　6
山田昌弘　127
ユング　Jung, C. G.　8

ら行

ラザラス　Lazarus, R.　73
レイ　Rahe, R.　73
レヴィン　Lewin, K.　40
ローウェンヘルト　Lowenfeld, M.　30
ロジャーズ　Rogers, C.　10, 12
ローゼンマン　Rosenman, R. H.　74
ロールシャッハ　Rorschach, H.　80

ま行

や行

ら行

わ行

人名索引

あ行

か行

さ行

さ行

た行

な行

は行

事項索引

あ行

か行

著書紹介

春原由紀（すのはら　ゆき）

武蔵野大学名誉教授、臨床心理士。

1973年お茶の水女子大学大学院修了。都立松沢病院・目黒区教育相談員・埼玉純真女子短期大学・武蔵野女子大学短期大学部等勤務を経て2002年～2012年武蔵野大学人間科学部教授。大学院人間社会研究科人間学専攻臨床心理学コース／心理臨床センター教授を兼務。また、1996年より原宿カウンセリングセンターのカウンセラーとして相談臨床業務に携わっている。

新曜社

キーワード心理学6

臨床

初版第1刷発行　2016年2月25日

著　者　春原由紀

監修者　重野　純・高橋　晃・安藤清志

発行者　塩浦　暲

発行所　株式会社　新曜社

101-0051　東京都千代田区神田神保町3－9

電話（03）3264－4973（代）・FAX（03）3239－2958

e-mail : info@shin-yo-sha.co.jp

URL : http://www.shin-yo-sha.co.jp

組版　Katzen House

印刷　新日本印刷

製本　イマヰ製本所

ISBN978-4-7885-1462-1 C1011

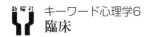

〈キーワード心理学〉シリーズ

第9巻　非行・犯罪・裁判　黒沢 香・村松 励 著　定価：本体2100円＋税

なぜ、非行・犯罪にかりたてられる人がいるのでしょうか？　刑罰は効果があるのでしょうか？　犯罪原因論、矯正心理学、捜査心理学、裁判心理学、被害者心理学といった多岐にわたる犯罪心理学の中から基本的で重要なキーワードを取り出して簡潔に解説しました。裁判員時代にぜひ知っておきたい基礎知識集です。

〈キーワード心理学〉シリーズ

第5巻　発　達　高橋　晃 著　定価：本体1900円＋税

人の一生という時間のなかで変化しつづける心のはたらきを解明する発達心理学。乳児期から老年期まで各発達段階における認知、言語、アイデンティティなど、発達心理学の基本的知識と最新の知識を30のキーワードで学びます。心理学を学ぶ学生だけでなく保育士・教員採用試験の勉強をする方にも役立つ本です。

〈キーワード心理学〉シリーズ

第3巻　記憶・思考・脳　横山詔一・渡邊正孝 著　定価：本体1900円＋税

記憶術、デジャビュ、ギャンブラーの誤認など、基本的知識から面白くて重要な話題までをコンパクトに解説。精妙な記憶・思考にかかわる心のはたらきをさまざまな角度から見つめ直し、それを支える脳のしくみの勘所を、新たな発見を盛り込みつつ概観します。わかりやすい参考書にして読み物としても楽しめる本です。